WIGLAF DROSTE
Im Sparadies der Friseure

Neben dem Kontoauszugsdrucker der Sparkasse hing ein Plakat, das ein »Sparadies« anpries. Unübersehbar und gleich mehrfach verhieß man mir: das Sparadies. Lüge, Betrug, Heuchelei und Nepp sind ja immer in ausreichender Menge und Vielfalt vorhanden und im Angebot. »Sparadies« jedoch hat die Ausstrahlung einer unerwünschten Zugabe: Gut 25 Jahre Kundendasein bei der Sparkasse lehrten mich, dass ich bei diesem Anbieter jeden Service am Automaten selbst erledige und dafür dann Gebühren zahle. So sieht das Sparadies aus, das Sparadies auf Erden.

Sprachkritik ist zum beliebten Dauerthema in Deutschland geworden. Allen Ortes diagnostizieren übellaunige Philologen ein volksempfängerkompatibles »anglo-amerikanisches Sprach-Bombardement« – dabei spricht doch kaum jemand den Namen des Deutschlehrermaskottchens Sick korrekt englisch aus. Dass man auch in kernseifenem Deutsch rasserein irrsinnig sprechen kann, beweisen die Angehörigen der Sprachschutzstaffeln selbst am besten, sobald sie den Mund auftun und in ihren Medien das Glatteis der freien Rede betreten.

Was Droste solo oder im Verein mit Vincent Klink und Nikolaus Heidelbach produziert, nannte *Die Welt* »hochprozentig, abgründig, sehr böse und sehr lustig«.

Autor

Wiglaf Droste, 1961 in Herford/Westfalen geboren, war Redakteur in Berlin und in Frankfurt am Main. Seit 1991 ist er freier Schriftsteller. Er arbeitet fürs Radio und spricht Hörbücher; gemeinsam mit Meisterkoch Vincent Klink gibt er seit 1998 die kulinarische Vierteljahreszeitschrift »Häuptling eigener Herd« heraus. 2003 wurde ihm der Ben-Witter-Preis, 2005 der Annette-von-Droste-Hülshoff-Preis zugesprochen. 2009 war er Stadtschreiber im Schloss Rheinsberg. Er lebt unterwegs oder in Leipzig. Zu seinen zahlreichen Buchveröffentlichungen zählen u.a. die Erfolgstitel »Wein«, »Wurst« und »Wir schnallen den Gürtel weiter«.

Wiglaf Droste

Im Sparadies der Friseure

Eine
kleine Sprachkritik

GOLDMANN

Nicht wenige der hier versammelten Texte erschienen zunächst
im Bayerischen Rundfunk, bei MDR Figaro, in der Tageszeitung *jun-
ge Welt*, in der Zeitschrift *Das Magazin* oder in *Häuptling
Eigener Herd*. Für die gute Zusammenarbeit bedankt sich der
Autor bei Thomas Bodmer, Knut Cordsen, Michael Hametner,
Christof Meueler und Manuela Thieme.

FSC

Mix

Produktgruppe aus vorbildlich
bewirtschafteten Wäldern und
anderen kontrollierten Herkünften

Zert.-Nr. SGS-COC-001940
www.fsc.org
© 1996 Forest Stewardship Council

Verlagsgruppe Random House FSC-DEU-0100
Das FSC-zertifizierte Papier *Super Snowbright* für dieses Buch
liefert Hellefoss AS, Hokksund, Norwegen.

Für Friedhelm und Friedrich,
die Dortmunder Jungs

Wenn ein Paket beschlossen wird

Die Stimme des Radiosprechers sagte: »Das Paket kann beschlossen werden.« Ich zuckte zusammen. Wie jetzt? Paket? Beschließen? – Quatsch! Pakete packt man, oder man bekommt sie, Pakete kann man verschicken oder empfangen, nicht aber beschließen.

Dennoch gibt eine seriös wirkende Radiostimme das von sich, und sie klingt, als ob sie wisse, wovon sie spricht: »Das Paket kann beschlossen werden.« Ich bekomme eine Trommelfellzirrhose, wenn ich das oder eine nicht minder deprimierende Variante anhören muss: »Das Paket kann verabschiedet werden.« Denn was beschlossen ist, kann auch verabschiedet werden, und wenn das Paket auf die Reise geht, steht ein Dutzend Männer mit ernstem Gesichtsausdruck und steifem Anzug am Ufer, nimmt Abschied und singt Lebewohl: »Good-bye, Paket, good-bye, good-bye, auf Wiederßähn ...«

Ich bin nicht wolkenkuckucksverheimert; mir schwant schon, was das für eine Art Paket sein soll, das erst beschlossen und dann verabschiedet wird: ein Konvolut von Gesetzen, ein Knäuel oder Bündel bürokratischer Verordnungen, aber beim Wort »Bündel« denke ich gleich an ein Mündel beziehungsweise schlagartig an mündelsichere

Wertpapiere, von denen ich einst las oder hörte: mündelsichere Wertpapiere, was für eine Einflüsterung, bis heute weiß ich nicht, worum es sich dabei handelt, doch tagelang könnte ich dieses Mantra ventilieren und durchgrübeln, »mündelsichere Wertpapiere, aaah ...«, aber das führt vom Wege ab, das bringt alles durcheinander, da kommt man in Tüdder, wie meine Omma sagte, Liesbeth Kotsch, geborene Pluppins, aus Tilsit in Ostpreußen, die begnadetste und vorbildlichste Paketpackerin meiner Kenntnis.

Wahrhaftige Lebensrettungspakete schickte sie mir Anfang und Mitte der achtziger Jahre nach Berlin, gefüllt mit selbstgestrickten Socken, Schinken, Wurst, Käse und immer zwei Schachteln filterlosen Zigaretten, an denen zuverlässig ein mit Tesafilm fixierter Zettel klebte: »Aber nur zum Anbieten!« Einmal kam ein Paket abhanden; Omma schickte ein neues, und als ich es aufmachte, lag obenauf ein Zettel mit der Anrede »Hallo, Dieb!« Der potentielle Paketschänder wurde darauf hingewiesen, was für ein haltloses, verkommenes, schurkisches, übles, widerwärtiges und ahndungswürdiges Subjekt er sei, wenn er es wage, auch dieses Paket an sich zu bringen und seinem rechtmäßigen Empfänger zu entreißen. Ich möchte nicht der Dieb dieses Paketes gewesen sein; so viel Hornhaut auf der Seele gibt es gar nicht, dass man nicht für den Rest seines Lebens eine liebende ostpreußische Großmutter als Nemesis gespürt hätte, den heißen Atem ihrer Rache stets im Nacken, eine Kriemhild, dem Bösbock hinterhersteigend bis in die letzten Verästelungen seiner Alpträume noch.

Sprache ist nicht nur Mittel zum Zweck der Kommunikation – sie ist eine Möglichkeit, die Welt zu erlernen, sie sich zu eigen zu machen, nicht in einem rohen, barbarischen Akt der Unterwerfung und Untertanmachung, sondern langsam, behutsam, staunend, hingebungsvoll. Sprache wohnt die Chance inne, die Welt spielerisch zu begreifen, ohne sie dumpf zu begrapschen. Macht man aber bewusstlos und lieblos von ihr Gebrauch, wird sie stumpf und schäbig.

Das Wort »Paket« mag für manche einen profanen Klang haben und mit jenem schalen Beigeschmack der Entwertung versehen sein, der Wörtern wie »Briefzentrum« oder »Serviceleistung« längst anhaftet. Weil ich aber weiß, wie viel Liebe in den fünf Buchstaben steckt, aus denen das Wort Paket gemacht ist, werde ich es immer verteidigen gegen Sprechautomaten, die Pakete beschließen und verabschieden wollen, obwohl das überhaupt nicht geht.

Über das Vertrauen

Seitdem das Wort »Finanzkrise« in die medialen Ventilatoren geworfen wird, ist auch die Vokabel »Vertrauen« inflationär in Umlauf. Das Gerede vom Vertrauen ist das Echo des Krisengeschreis; der Vertrauenshöker folgt dem Finanzbetrüger wie ein Schatten. Wo betrogen wird, unterschlagen und gestohlen, müssen anschließend rhetorische Beruhigungsmittel ausgeschenkt werden. »Vertraue miiir ...!«, sang schon die Schlange Kaa in Walt Disneys Trickfilmadaption des »Dschungelbuchs« von Rudyard Kipling.

Um den kleinen Mowgli ungestört fressen zu können, bedurfte die Würgeschlange seines Vertrauens. Ähnlich überzeugend gebärden sich Vertreter von Wirtschaft und Politik, die »Rettungspakete schnüren«, »Regenschirme aufspannen« und um einen »Vertrauensvorschuss« werben, der ja längst gewährt und verspielt worden war.

Das Publikum wird versechsjährigt: Vati Staat und Mutti Wirtschaft bringen die Welt schon in Ordnung, und bald ist alles wieder gut. Hauptsache, alle gehen schön wählen und legitimieren durch solchen Vorschuss den Schaden. Gegen jeden Erkenntnisgewinn soll Vertrauen als *carte blanche* gegeben werden. Infantilisierung und

Debilisierung sind nicht nur beim Kitsch mit »Knut« und »Flocke« die Hauptaufgaben der Medien. Denen genau deshalb nicht zu trauen ist.

Man kann jemandem trauen, und man kann sich etwas trauen. In diesem seligen Zustand kommt man auf die Welt. Später begegnet man dann Leuten, die viel von Vertrauen reden: Eltern, Kindergärtnerinnen, Lehrer. So lernt man, auf Sprache zu achten: Die Vorsilbe »Ver« sagt in diesem Fall sehr deutlich, dass man sich ver-traut hat, also jemand Falschem traute. Wenn der Pfarrer von Vertrauen spricht, zuckt der Ministrant zusammen: Aua, Kirche von hinten.

Dennoch gibt es gute Gründe, kein misstrauischer Mensch sein zu wollen. Man möchte nicht mit einem leninistisch verbissenen »Vertrauen ja, aber immer auch prüfen!«-Gesicht herumlaufen und das Arge, das man ja meiden will, durch permanente Vorhersicht erst anziehen. Kassandrahaften, sich selbst erfüllenden Prophezeiungen haftet etwas Miesepetriges an, und Zivilisationspessimismus verströmt immer auch den Hauch von billigem Parfüm. Ein Mensch, der fröhlich leben will, muss bereit sein, betrogen zu werden. Warum sonst heiraten Menschen?

Betrug und Verrat sind anthropologische Konstanten und Tatsachen des Lebens. Nur Unerwachsene oder Heuchler streiten das ab – und reden, betrügend, von Vertrauen. Wenn ich jemandem mein Vertrauen schenken will, ist das ganz allein meine Sache und meine Entscheidung. Wenn es ausgenutzt wird, habe ich die Folgen zu tragen. Aber niemand muss so beschränkt und so langweilig sein, dass er sein Vertrauen an Wirtschaftsbosse und Bankiers, ihre Politiker und Journalisten und andere Angehörige der ehrenwerten Gesellschaft verschenkt.

Von der Schneekatastrophe
zum Gaskrieg

In Deutschland war Winter. Das hatte es lange nicht gegeben; in den Krawallmedien, die Anfang 2009 die bedauerliche Tatsache ihrer 25-jährigen Existenz als Grund zum Feiern missverstanden, kommt längst kein Winter mehr vor. Sondern stattdessen: »Schnee-Chaos!« Oder, noch *Bild*-kompatibler: »Schnee-Katastrophe!« Was ins Deutsche zurückübersetzt bedeutet, dass man vielleicht die Scheiben seines Autos freikratzen oder eine Viertelstunde lang auf einen Zug warten muss.

Dann aber kam tatsächlich ein Winter, und mit dem eisigen Wind aus den sibirischen Lagern bekam man, ebenfalls aus Russland, eine weitere und offenbar hochwillkommene Hiobsbotschaft frei Haus geliefert: den Gas-Krieg. Russland und die Ukraine befinden sich schon lange in einem Streit, der medial als Duell in Szene gesetzt wird: Moskau gegen Kiew, Gazprom gegen Naftogaz, Putin versus Timoschenko. Von »Gas-Diebstahl« war die Rede, auch die Europäische Union hatte viel dazu zu sagen. Als in einigen Ländern das Gas knapp zu werden drohte, wurde der eigentlich strafrechtlich relevante Vorwurf der ökonomischen »Geiselnahme« erhoben.

In Deutschland hätte man ein paar seltene, angenehm

verlangsamte Wintertage genießen können. Der damalige Bundeswirtschaftsminister Michael Glos betonte mit bernhardinerhafter Jovialität: »Deutschlands Wohnzimmer bleiben warm.« Doch ohne Schreckensszenarien scheint vielen das Leben keinen rechten Spaß zu machen. In den Redaktionen der Vulgärmedien malt man sich also Katastrophen aus. Katastrophen sind die »Sissy«-Romane des Journalismus, sie kosten nichts und erzielen große Wirkungen beim Publikum.

Darf sich Europa, darf sich Deutschland, dürfen WIR uns von Russland erpressen lassen? – So fragen Leitartikler, und man weiß wieder, warum und wofür Kriege geführt werden und weshalb deutsche Soldaten in Afghanistan schon mal üben. Menschenrechte sind ein gut klingender Vorwand für wirtschaftliche Interessen, und in mancher Schreibtisch- und Laptop-Existenz liegt viel kriegerisches Potential verborgen. Zwar ist niemand bedroht in Deutschland, doch genügt es, sich das vorzustellen und sich in die Rolle eines Großstrategen hineinzuphantasieren.

Mir aber gefiel es, den rhetorischen Katastrophismus auszublenden und einfach den Winter einen Winter sein zu lassen. Durch knackende Kälte zu stapfen und sich anschließend am Feuer zu wärmen, ist eine archaische Lust. In der Sauna zu schwitzen und sich im frischen Schnee zu wälzen, beschert animalische Freude und bärenhaftes, großes Glück. Man ahnt, wie frei Bruno sich gefühlt haben muss, bevor er genau deshalb abgeknallt wurde – nicht zu vergessen, wo: im sogenannten Freistaat Bayern.

Versprecher und Versprechen

Armer Papst. Beinahe vier Jahre lang wurde Benedikt XVI. bejubelt und als offizielles Maskottchen der Christenheit gefeiert. Seitdem Joseph Ratzinger am 19. April 2005 zum Papst gewählt worden war, herrschte Fußballstimmung, wo immer der Mann aufkreuzte. Die katholische Folklore erlebte eine gewaltige Renaissance. Schlau ergriff der als Kongregationsscharfmacher berüchtigte Ratzinger die Gelegenheit, auf dufte zu machen, herumzumenscheln und potentielle neue Kundschaft anzuschnacken. Vom Papamobil aus grüßte er alle Welt und inszenierte Andachten vor 250.000 Leuten; in Lourdes entließ er sich und sein Publikum beiderseits als geheilt. In ochsenblutrotem Schuhwerk sang er die lateinisch-liturgische Variante von »I did it my Way« – und kam mit all dem durch. Zwar empörten sich ein paar Tierschützer über den Hermelinbesatz seines Umhangs und seines Mützchens, doch das schlug nicht weiter ins Kontor. Zumal die deutsche Heimatpresse sich längst *Bild* angeschlossen hatte und unisono orgelte: »Wir sind Papst.«

Doch auf einmal war die Show vorbei, und die Journalisten wurden ganz, ganz mutig. »Holocaust-Gegner haben in der Kirche nichts zu suchen«, verkündete Caren Miosga am 2. Februar 2009 in einem Trailer für die von ihr moderierten ARD-*Tagesthemen*. Zwar handelte es sich um einen Versprecher, sie meinte offenbar Holocaust-Leugner, aber solche Unterschiede spielen in deutschen Medien keine große Rolle, hier spricht man auch von »polnischen Konzentrationslagern«, wenn man deutsche KZ in Polen meint. Frau Miosga zeigte, wie Fernsehen funktioniert: Hauptsache Schaum. Wenn man den als Haltung verkaufen kann, umso besser.

Was war los, was war passiert? Der Papst hatte solitär beschlossen, die Exkommunikation von vier Bischöfen aufzuheben, die einer Pius-Bruderschaft angehören, von deren Existenz kein aufgeklärter Mensch Kenntnis haben müsste. Irrsinn gibt es, in Kirchen wird er organisiert. Das ist nichts Neues. Teil des Glaubensabtrünnigen-Quartetts ist auch ein Richard Williamson, der den Holocaust für erfunden hält und die minimalzivilisatorischen Einlenkungen des Zweiten Vatikanischen Konzils ablehnt. Williamson ist ein Lefebvre'scher Traditionskatholik alter Schule, angetrieben vom Neid auf das Leid der Juden und vom Hass auf die Moderne. Im Leben Joseph Ratzingers gab es Zeiten, in denen er Williamson nicht sehr fern war. Doch während Williamson – wie auch der peinlich eitle Gegenpapst Hans Küng – auf dem Dissidententicket zu reüssieren suchen, war sich Ratzinger immer darüber im Klaren, dass Macht nur im Mainstream zu haben ist und man also Kreide fressen muss.

Honoré de Balzac hatte eine treffende Vokabel für

Journalisten; er nannte sie »Halbkameraden«. Das Wort gilt auch für die PR-Truppen des Papstes. Journalistische Jubelperser, die sich jahrelang trittbrettfahrend an den Medienpapst anflanschten, rangen auf einmal die Hände. »Sind wir noch Papst?«, fragte Maybrit Illner, als ob sie jemals Papst gewesen wäre. War sie noch bei Trost? Die *taz* erging sich in evangelischer Selbstbezichtigung und titelte: »Wir sind peinlich«. Wer wollte dem Blatt da widersprechen?

Die katholische Kirche ist, was sie war: ein Zeughaus der Heuchelei. Nahezu vier Jahre lang haben die sogenannten Leitmedien mitgeheuchelt und den Papst ikonisiert – um sich dann, bei Ahnung eines Skandals, eilig zu distanzieren. Das ist Heuchelei hoch zwei.

Privat kann jeder glauben, was er möchte. Wer sich mit seiner Religion in die Öffentlichkeit begibt, muss allerdings damit rechnen, auf Befremdnis zu stoßen, auf Widerspruch, auf Kritik und auf Spott – allein schon deshalb, weil es jede Menge Konkurrenzvereine gibt, von denen jeder seinen Glauben für den schönsten und besten hält. Der deutsche Papst Joseph Benedikt Ratzinger liebt es, Glaubenswidersacher niedrig zu machen und kleinzuholzen. Dass der Papst Gläubische schurigelt, könnte einem ja recht sein, wenn er nur nicht immerzu den eigenen Laden verherrlichte. Als notorischer Bessergläubischer zeigt der Papst der Religionskonkurrenz Geringschätzung und brüskiert regelmäßig Protestanten, Juden und Muslime, um sein eigenes Karnevalsunternehmen aufzuwerten. Das wirkt eher plump und stumpf als raffiniert und will nicht so recht zu dem durchtriebenen Theologen Ratzinger passen.

Wieso der Gnadenakt für den Antisemiten Williamson? Wollte der Papst damit nicht nur die Christenheit, sondern gleich auch die chronisch beleidigten Muslime mit versöhnen? Also eine deutsch-arabische, katholisch-muslimische Allianz schmieden, die ihren gemeinsamen Nenner in der Ablehnung des Judentums findet?

Das würde auch den Versprecher der ARD-Journalistin Caren Miosga nachträglich ins Recht setzen: »Holocaust-Gegner haben in der Kirche nichts zu suchen.« Falls Frau Miosga damit hätte sagen wollen, dass aufgeklärte Humanisten einen großen Bogen um die Kirche machen, sie hätte es nicht besser auf den Punkt bringen können.

Warum ich kein Hypochonder
geworden bin

Hypochonder? Ich weiß nicht, was das sein soll – das Wort klingt in meinen Ohren wie eine Mischung aus HypoVereinsbank und Expander; von beidem verstehe ich nichts. Der *Kluge*, das etymologische Wörterbuch der deutschen Sprache, klärt mich auf: »Person mit unbegründeten Krankheitsvorstellungen. Rückbildung zu *hypochondrisch*, schwermütig (zunächst nur über Männer gesagt, im Gegensatz zu [weiblich] *hysterisch*). Es geht zurück auf griechisch *hypochóndrios*, unterhalb des Brustknorpels liegend. (...) Nach antiker Auffassung saßen die Gemütskrankheiten im Unterleib.« Ich will nicht klüger als der *Kluge* sein, sondern den Sachverhalt vielmehr in meinen eigenen Worten bestätigen: Sitz der Seele ist die Möse / Ohne Liebe wird sie böse.

Schon allein deshalb möchte man doch kein Hypochonder sein, kein männlicher Hysteriker, der in zwanghafter Selbstbeobachtung Krankheiten an sich entdeckt, egal, ob er sie hat oder nicht oder ob er sie von all der Einbildung erst bekommt. Hans Christian Andersen litt an solchen Krankheitsphantastereien; Eckhard Henscheid konstatierte an sich, als er vor Jahren das Rauchen aufgab, die Stoffwechselumstellungsfolgekrankheiten gleich en gros. Was die unterdessen erfolgte Generaleinführung des Rauchverbots aus sogenannten volksgesundheitlichen Gründen in einem ganz anderen Licht erscheinen lässt: Was ist gewonnen, wenn aus Millionen von schmaddrigen Teerabhustern Millionen von Nervenbündeln werden, die 147 oder 159 neue Krankheiten an sich diagnostizieren, und die ihre Entdeckungen ja auch nicht für sich behalten, sondern sie ohne jede Rücksicht auf Kamerad Mitmensch ausjallern?

Über Krankheiten reden ist etwas für Kranke oder für Leute, die sonst nichts oder nichts mehr haben, mit dem sie sich spreizen und wichtigmachen können. Mit bedeutungsgesättigter Miene und Stimme sitzen sie da und reißen Gespräche an sich, um die vom Arzt erstellte Diagnose langatmig, dabei jedes einzelne Wort zäh malmend und auskostend wiederzukäuen und die Zeit eben nicht gnädig ruckzuck totzuschlagen, sondern streckfolternd zu zerquälen. Der Arzt, selbstverständlich eine Kapazität auf seinem Gebiet, findet gerade ihren Fall ganz besonders speziell und hochinteressant, und dann muss man stundenlange Amateurmedizinermonologe und Selbstdiagnoseexpertisen über sich ergehen lassen. Selbstverständlich gibt es eingebildete Kranke; es kommt aber eben auch häufig vor, dass einer durch Krankheit erst eingebildet wird.

Nach einem unfreiwillig durchlittenen Vortrag über Heimtücke und Gefahr von Zeckenbiss, vulgo Borreliose, stand ich auf, beugte mich über den Siechtum simulierenden Sprecher, brachte meinen Mund an sein rechtes

Ohr und flüsterte nach Art Marlon Brandos im ersten Teil von Francis Ford Coppolas »Paten«, also gedehnt und wie mit tamponierten Backentaschen: »Es ist mir eine Ehre, für Sie zu arbeiten, Don Borreliose ... Wissen Sie, ich brauche Schutz ... für meine Familie ... Nur Sie in Ihrer unendlichen Güte können ihn gewähren, mi Padrino, nur Sie allein, Don, Don Borreliose ...!« Es nützte nichts; der Auswalzertänzer seiner eigenen Krankengeschichte ließ sich das Heft des Laberns nicht mehr aus der Hand nehmen.

Es gibt viele gute Gründe, kein Hypochonder zu sein. Der wichtigste ist dieser überlegen-ironische Blick, den manche Frauen aufsetzen, wenn ein Mann tatsächlich krank ist. Sie haben dann dieses implizite »Ja, ja, der Ärmste, er hat mal wieder nichts« in den Augen; die Unterstellung, ein Mann mache per se und qua Geschlecht aus einer leicht verschnupften Mücke einen krebskranken Elefanten, während Frauen an und für sich und überhaupt ja so was von tapfer seien. Als letzte Trumpfkarte spielen sie ihr Frausein aus: »Und überhaupt, du kannst gar nicht mitreden, du hast noch nie ein Kind bekommen!« Allein um solchem Passionspathos zu entgehen, stelle ich mich lieber gesund als krank oder tot.

Hypochonder? Schon das Wort ist ohne Liebreiz. Es spricht sich mit unangenehm rachigem »ch« – manche, vor allem die der deutschen Sprache abholden Insassen Bayerns, sagen allerdings »Hypokonder«, so wie sie China »Kina« nennen. Hypokonder reimt sich auf Anakonda, also auf Würgeschlange, und das war's dann auch schon. Das Breitreifenbayerische hat sich noch nicht zum Mitglied der Menschensprachenfamilie entwickelt, sondern entstammt noch direkt dem rückwärtsgewandten Teil einer muffigen Lederhose. In Bayern nennen sie das, auch anatomisch verblüffend, Mundart.

Angesichts einer mit Hypochondern und Simulanten vollgeprengelten Welt ziehe ich es vor, das Gegenteil eines Hypochonders zu sein: ein stoischer Ärztevermeider, der sich nicht in Behandlung begibt, sondern sagt: »Ach, das ist doch nichts, das vergeht schon«, und am Ende wird es dann richtig blöd. Aber was soll ich machen? Stil zählt mehr als Gesundheit.

Im Sparadies der Friseure

In einem Land, in dem *Bild* als Zeitung durchgeht und die Hitlerwiederaufbereitungsanlage Guido Knopp als Historiker firmiert, gelten Friseure als Hirnforscher. Und führen sich mitunter auch so auf.

Wer mit offenen Augen durch die Welt geht, liest schon rein gewohnheitsmäßig alles, was geschrieben steht im öffentlichen Raum, auch wenn er sich damit manche Last aufbürdet. Neben dem Kontoauszugsdrucker der Sparkasse hing ein Plakat, das ein »Sparadies« anpries. Unübersehbar und gleich mehrfach verhieß man mir: das Sparadies.

Lüge, Betrug, Heuchelei und Nepp sind ja immer in ausreichender Menge und Vielfalt vorhanden und im Angebot. »Sparadies« jedoch hat die Ausstrahlung einer unerwünschten Zugabe: Gut 25 Jahre Kundendasein bei der Sparkasse lehrten mich, dass ich bei diesem Anbieter jeden Service am Automaten selbst erledige und dafür dann Gebühren zahle. So sieht das Sparadies aus, das Sparadies auf Erden.

Kopfschüttelnd verließ ich die Filiale dieses Geldinstituts und raufte mein Resthaar – das, wie ich feststellte, lang und wallend zu werden drohte, als sei ich ein Jugendlicher, oder, bedauernswerter, ein Operettenkünstler. Die Matte muss ab! Die kommt runter! Du gehst zum Putzer!, beschloss ich barsch und machte mich daran, einen Friseurladen aufzusuchen. Ich fand auch gleich einen; er hieß aber »Hair Force One«. Ungläubig las ich das und floh, Blitzeis im Genick.

Aber wohin mich begeben, wohin mich wenden? »Hairdamit«, verlangte der nächste Friseur im Stil eines Straßenräubers, Wegelagerers und Raubritters. Dem wollte ich nicht in die Hände fallen, aber auch keine Coiffeurstube namens »Kopfsache« betreten – dagegen war ja das legendäre »Gard Haarstudio« aus den 70er Jahren mit Jacques Galèt eine humanistische Angelegenheit gewesen.

Ich taumelte weiter. »McCut« hieß der nächste Haar- und Halsabschneider, und es nahm kein Ende mehr. »Die Frisierbar« las ich und lächelte noch, »Cuthaarstrofal« ließ mich beinahe zusammenklappen, »Wächst schon wieder« warb dagegen relativ charmant mit dem eigenen Unvermögen. »Eckzackt« war von grausamer Zwanghaftigkeit, einem »Headhunter« wollte ich meinen Kopf nicht einmal äußerlich anvertrauen, und »Querschnitt« klang ganz übel. Die »Vier Haareszeiten« mied ich ebenso entschieden wie »Fön-X«, »Hairlich«, »Kamm Hair«, »KammIn«, »Joe's Hairport«, »Haireinspaziert«, »Spektakulhair«, »Millionhair«, »Die Kopfgeldjäger«, »Mata Haari«, »Hairtie«, »Haaribo«, den »Haar-M«, den arabischen Friseur »Haar-Bibi«, die »Haarvantgarde« und die »Haarchitektur«. Gab es denn keine Friseurbuden mehr? Wie den »Salon Maucke« in Magdeburg, der eben kein Fußpflege-Etablissement ist – das dann analog und genauso gut auch »Quantensprung« heißen könnte –, sondern tatsächlich ein Schuppen zum Haareschneiden?

Nein, einfache Friseure sind weitgehend ausgestorben. Statt ihrer gibt es jede Menge Aufgebrezeltes. So findet sich eine »Hair-Killer«-Kette »mit der Lizenz zum Stylen« ebenso wie ein »Haar und Bewusstsein«. Darüber hinaus sind, unter langsamem, qualvollem Erlöschen, zu verzeichnen und hinzunehmen: ein »Schnitt-Punkt«, ein »Director's Cut«, ein »Schneideraum«, ein »Hairgott«, ein »Hairkules«, ein »Open Hair«, ein »Kamm back«, zu dem ich niemals zurückkehren würde, ein bedrohlich entgültig klingender »Final Cut«, der einem das Rasiermesser an die Kehle zu setzen scheint; ein »Haarlekin« – ist das ein Spezialist für Clownsfrisuren? –, ein »Haarmäleon«, eine »Haarmonie« und, wahrscheinlich für die Sadomaso-Fraktion, eine »Haarpune« und ein »Haarakiri«. Und in Berlin-Pankow findet sich ein »Friseur Tsunami«; da kann man sich wahrscheinlich eine Welle machen lassen.

Erfreulich vergeblich allerdings suchte ich einen schwarzen Friseur namens »Haarlem«. Und eine Billigfrisurenbude mit Namen »Haartz IV« zu eröffnen, wo ein Armutseinheitsschnitt mit der Rasiermaschine angeboten wurde, war bisher ebenfalls noch keinem Discounterschurken eingefallen.

Ich atmete auf; zu früh allerdings. Denn um mich vollendet am Kopf innen zu vernichten, war das »cHAARisma« ausgeheckt worden: kleines c, großes H-A-A-R, und dann klein »isma« – cHAARisma. Ich war im siebten Kreis der Wortspielhölle. Wohin fliehen, wohin nur? Zu »KreHaartiv«? Ich brach in die Knie. Das ist das Ende, dachte ich, aber ich täuschte mich. Ein so leichter Tod war mir nicht vergönnt.

Inzwischen zwar gewappnet, amalgamiert, in Drachenblut gebadet und schier auf alles gefasst, was Friseure der Sprache an Gewalt zufügen können, hatte ich doch mit einem nicht gerechnet: »Kaiserschnitt«. Es tat so weh, ein Messer trennte mir den Bauch auf, ich schrie vor Schmerzen, verstarb, verließ die irdische Hölle – und erwachte wo? Genau: im Sparadies, wo man »Haarva Nagila« sang. Und das ist nicht an den Haaren hairbeigezogen. Außer natürlich vom Friseur meiner Träume: »Haarald«, der auf seiner »Haarley« durch Köln knattert und dabei sein Lieblingslied singt: »Verdamp lang hair...«

PS: Und dann erreichte mich auch noch folgende Elektropost des Kollegen Ralf Sotscheck von der irischen Westküste:

Lieber Wiglaf,
»Kamm back« ist ein Tiefpunkt. Aber es geht noch tiefer. Wie wär's mit »Kammouflage«, dem flotten Tarnschnitt für den modernen Soldaten? Oder mit »Kamma Sutra«, dem Haarschnitt, der Frauen schwach macht? »Let's kamm together«? Oder »Kammembert«, wenn sonst alles Käse ist?

Au Mann.

Muss jetzt unser Leihpferd wieder einfangen, es hat sich auf die Nachbarwiese abgesetzt. Werde mich als Hafer tarnen. War Haferkamm nicht ein Kammissar beim Tatort?

Gruß,

Ralf

PPS: Damit Sie klarsehen: Ralf Sotscheck ist unbelehrbarer Anhänger der terroristischen Vereinigung Hairtha BSE.

Schnellstmöglichst mega

Der Superlativ greift um sich. Dessen er habhaft werden kann, das grapscht er sich und bläst es auf. Aus Nichtigkeiten macht er: das Beste, das Größte, das Schärfste oder das Allerschlimmste. Was nicht gigantisch daherkommt, geht unter und wird unsichtbar, als existiere es nicht.

Telefonisch buchte ich ein Zimmer im Steigenberger Esplanade Hotel in Jena. Zunächst geriet ich in die Warteschleife und wurde von einer seifenreklamefreundlichen Automatenstimme »um etwas Geduld« gebeten. Zur Sedierung wurde Lullsoßenmusik gespielt. Es handelte sich also um einen jener Vorgänge, die allgemein nicht mehr als unangenehm empfunden, sondern als normal erachtet werden, weil man sich an den Niedergang gewöhnt hat und sich pragmatisch in ihm einzurichten versucht. Dazu bedarf es einer kosmetischen Sprache; dieselbe Telefonstimme versicherte mir, dass man sich »schnellstmöglichst« um mich kümmern werde. Bei »schnellstmöglichst« wurde ich endgültig hellhörig wach: doppelter Superlativ, das ist dann schon Superlativitis.

Wer sich verbal derartig die Beine ausreißt, hat keine Kraft mehr, seine Ankündigungen noch wahrzumachen; wo ein zweifacher Superlativ im Schaufenster liegt, da ist am Lager Ebbe. Rhetorisches Hyperventilieren führt zu nichts – außer zum Verlust von Sprache und Verstand respektive dem Rest, der davon noch übrig ist. Im Kult des permanenten Besten muss es den Superlativ unbedingt auch in verdoppelter Form geben: Die »bestgehütetsten« Geheimnisse werden gelüftet, der »bestverdienendste« und »bestaussehendste« Mann wird bestaunt, das »meistverkaufteste« Automobil bejubelt, das ist nun einmal »am optimalsten«, schließlich fährt es »schnellstmöglichst«. Der im Wort »schnellstmöglichst« sich manifestierende Zwang, mit jedem Satz die Bereitschaft zur Erringung eines goldenen Leistungsabzeichens zu demonstrieren, bringt das Simulationsleben im Konsumismus auf den Punkt: »schnellstmöglichst« sich und alles zur Ware machen, so gewinnstbringendst es gerade ebenst noch geht.

Das Dresdner Mercure-Hotel lässt sich gleichfalls nicht lumpen und bietet »Style und Design, Wohlfühl-Atmosphäre, persönlichen Service und beste Citylage. Hier lebt man als Vier-Sterne-Gast«. Dass eine Innenstadtlage automatisch eine »beste Citylage« sein oder doch wenigstens genannt werden muss, ist längst Pflicht und Ehrensache; eine »Wohlfühl-Atmosphäre« klingt entfernt nach hundehaufiger Reklame für Romika-Schuhe: »Reintreten und sich wohlfühlen.« Und als »Vier-Sterne-Gast« kann man es sich nicht einfach gut gehen lassen, da muss man etwas leisten, sonst wird ein Stern aberkannt und der Gast degradiert, wahrscheinlich zum Drei-Sterne-General.

Über die Stadt Chemnitz – früher: Karl-Marx-Stadt, noch früher: Chemnitz – wird auf einer Ansichtskarte verbreitet, sie sei »toll – super – nett – riesig – fantastisch – zauberhaft – liebenswert – einmalig – herzlich – prima«. Wer diesen Adjektivbeschuss überlebte, kann selbst nachschauen, wie ihm die sächsische Stadt gefällt. In Mode- und Mediensprech wäre sie aber unbedingt »mega«.

»Mega« ist überall, fällt aus jedem Mund, dringt in jedes Ohr. Kamerad Mitmensch macht zehnmal am Tag eine »Mega-Erfahrung« und findet das, wie es von ihm verlangt wird, entsprechend »mega-geil«. Die Nachrichtenillustrierte *Der Spiegel* klassifiziert einen Film als »Mega-Blockbuster« – ließe sich das gegebenenfalls noch steigern? Mit »SuperMegaDollyBlockwartBuster«? Oder muss es in Zeiten der gratis-in-die-Schuhe-schieberischen 68er-Dämonisierung statt Blockwart besser gleich »Ernst-Blochwart« heißen?

Ohne Megaphon-Geschrei geht gar nichts mehr – je brüllend lauter, desto mega. Wer das griechische »mega« korrekt mit »groß« oder »Million« übersetzt, ist ein Altmodiker und damit »mega-out«; wer »MEGA« für die Abkürzung von »Marx-Engels-Gesamtausgabe« hält, liegt zwar völlig richtig, wird aber in einer von Kenntnisfreiheit und stolzer Ignoranz durchprägten Informationsgesellschaft auf den Schrottplatz verwiesen. »Max ist tot!«, frohlockte bereits 1989 Norbert Blüm. Max? Welcher Max? Das Geheimnis seiner Botschaft erschloss sich in Blüms Mundart: Auf Hessisch ist Marx eben: Max. Und vor allen Dingen: tot – also garantiert kein bisschen mega.

Mit Mayo rutscht die Info besser

Es gibt Abkürzungen, die so schmerzen wie eine Amputation am lebenden Wort ohne Narkose. Wenn aus einer Information eine »Info« wird, bekommt man es mit Geiz zu tun, mit Geiz an Gedanken. Wer Sachverhalte zu kniepigen »Infos« verknappt, muss diese zur Kompensation dann tüchtig auswalzen und nennt das »Kommunikation«, denn wer nichts wird, wird Kommunikationswirt. Wenn er ausgelernt hat, kann er fließend kommunizieren, ohne dabei von der geringsten Sinnbeimengung gestört zu werden, und sagt also: »Diese Info muss kommuniziert werden.« Kommu, die kleine Nikation, ist schließlich die mediale Info, und das ist logo; logo kommt aber nicht von Logik, sondern von Logorrhöe.

Info ist der schabbelige Rest von Information; ein höchst verwunderlicher Rest wohnt indes auch dem Info-Wort »Restjugoslawien« inne, das seit einigen Jahren kursiert und grassiert. Wenn es ein »Restjugoslawien« gibt, müsste es folgerichtig auch Restjugoslawen geben. Weil es aber offenkundig allzu unhöflich wäre, jemanden einen »Restjugoslawen« zu nennen – »Guten Abend, Herr Girrschitsch, Sie sind ein vitaler, fleißiger Restjugoslawe...« –, sagt man das lieber nicht, das klänge gleich nach

Versehrtensport, nach Arm oder Bein ab, jedenfalls nicht gut, sondern nach Krieg. Den die Nato gegen Serbien vulgo Restjugoslawien zwar führte, dessen Folgen man aber lieber verschweigt. Und so kommt es zu der erstaunlichen Tatsache, dass es Restjugoslawien gibt, nicht aber einen einzigen Restjugoslawen. Der dann ohnehin bloß mit »Reststrommengen« hausieren ginge, von denen auch niemand sagen kann, was sie bedeuten.

Vom Restjugoslawen und der Reststrommenge ist es nur ein kleiner Schritt zum »Resto«; ein Resto ist das, was von einem Restaurant übrig bleibt, wenn das Schischi-Publikum mit ihm fertig ist. Für alle, die ins Resto essen gehen möchten, kann man einmal den Küchenboden kehren und das Ergebnis mit Schauspielergrandezza servieren: Meine Herrschaften! Exklusiv der schäbige Rest – möge er munden wie die Pest! Woraufhin die Kundschaft mit den Zungen schnalzt und aufstöhnt vor eingebildeten Wonnen: Aaah, Resto al Pesto – Maître, Sie verwöhnen uns, Sie sind zu gütig …!

Nach dem Besuch im Resto können die Schaumacherkarren erklommen werden, in denen Damen und Herren vom Sterne Möchtegerne sich herumkutschieren lassen und die nicht Limousinen, sondern »Limos« heißen müssen, was sehr gut zu ihren Insassen passt. Damit der Matsch sich runde und auch besser in die Gehörgänge hineinflutsche, braucht es ein Gleitmittel: Mayo. Mit Mayo rutscht die Info besser. Man soll niemanden und nichts unterschätzen, auch keine Mayonnaise. Im holländischen Lokal »De Prins« in Essen sah ich, wie weit man es als Lebensmittel bringen kann: Eine »Mayo des Monats« wurde dort feilgehalten und prämiiert. Faszi-niert von der Welt und ihren Möglichkeiten, stippte ich eine Fritte in den weißen Schlabber, hielt inne und dachte: Wenn nun auch nichts mehr aus mir werden will oder soll – einen Ehrgeiz hätte ich noch, eine Ambition, ein Ziel: in diesem Resto einmal Mayo des Monats sein, und das als Info kommunizieren, aber logo.

Mein Schuh, meine Welt

Mein Schuh. Meine Welt.«, steht auf einer Einkaufstüte; eine Frau trägt sie flinken Schrittes davon. Obwohl ich mit Werbung aufwuchs, mit dem Lenor-Gewissen, mit Ariel für den porentief reinen Arier, mit Redleffsen, dem Würstchen mit dem Reißverschluss, und mit Joghurt, so wertvoll wie ein kleines Steak, und mir also die Mischung aus Idiotie und Infamie, die man Reklame nennt, durchaus geläufig ist, vermag ich dieses kaum zu fassen: »Mein Schuh. Meine Welt.« Sicher, die Welt riecht nicht immer gut und manchmal vielleicht sogar auch nach Käsfuß mit Musik, aber dass sie auf die Größe eines Schuhs zusammenschnurrte, das kann tatsächlich nur ein Werbetexter ersonnen haben, einer, der die Welt, in seinen Worten gesprochen, »herunterbricht« auf das Banale, Gewöhnliche, Vulgäre, das er aus ihr macht. Klein und käuflich muss sie sein, nur dann passt sie in seinen Schrumpfkopf hinein.

Längst hat die Werbung ein gigantisches Konsumenten-Ich entwickelt. »Füttere mich!«, brüllt es, und mehrmals täglich und im Idealfall rund um die Uhr quengelt es: »Wo ist mein Geschenk?« Der nahezu harmlose »Konsumterror«, von dem in den sechziger und siebziger Jahren die Rede war, ist lange tief verinnerlicht; der Terrorist ist inzwischen der Konsument selbst, er ist sein Kern, er sitzt in seinem Inneren und gibt keine Ruhe – das ist das Ich, das übrig blieb, Millionen von Ichs, die Arbeits-, Jubel- oder Konsum-Masse sein dürfen und sonst nichts, und die darauf mit noch weiter übersteigertem Ich-Ich-Ich-Gespreize reagieren.

Der Versuch, sein Ich aus anderen Quellen als dem Konsum zu speisen und zu formen, ist am Rande der Strafbarkeit angesiedelt und wird als antisozialer Akt bewertet. Gesellschaftliche Abstrafung ist allerdings nur in seltensten Fällen notwendig; von klein auf wird dem heranreifenden Konsumenten zu verstehen gegeben, dass er seine Welt, sein Leben, sein Ego allein im Konsumismus finden und ausprägen kann, im bewusstlosen Haben, im hemmungslosen Greifen. Die Beute ist der Konsument selbst; in der erworbenen Ware hält er sich selbst in der Hand, sein Leben, seine Welt.

In dem Wissen, dass Beutejäger und Beute längst unteilbar eins sind, bewirbt ein stammhirnauslöschender Sender sich und sein Programm analog mit der Parole »Mein RTL«; je weniger dem Konsumenten das eigene Leben gehört, desto lauter muss er »Meins! Mein Leben! Meine Welt!« behaupten. Allein im Konsum ist ihm das Recht auf eine Existenz zugebilligt; zurückgeworfen auf nichts als die Konsumkraft, lautet sein verzweifeltes Credo: Ich konsumiere, also bin ich.

»Bei vielen Menschen«, wusste Theodor Adorno, »ist es bereits eine Unverschämtheit, wenn sie Ich sagen.« Der scheinbare Nullinger-Slogan »Mein Schuh. Meine Welt.«

sagt nichts anderes; er treibt Adornos Diktum sogar noch auf die Spitze. So wird die zum Konsum blasende Werbung selbst zum Instrument fundamentaler Konsumkritik. Wenn einem das nicht die Schuhe auszieht.

Aus, ein, auf, ab – und durch!

Kannst du mir das bitte ausdrucken?«, frage ich den Radioredakteur, damit er den Text, der noch im Computer steckt, aufs Papier befördern und ihm damit aus der virtuellen in die wirkliche Welt hineinhelfen möge. Ausdrucken? Ich wurde selbst stutzig: Wieso *aus*drucken? Es geht ums Drucken, wozu die Vorsilbe »aus«? Damit wir uns besser vorstellen können, wie das bedruckte Blatt *aus* dem Drucker her*aus*kommt?

Ob ich einen Roman »als Hörbuch einlesen« könne, möchte eine Verlagslektorin wissen; ich tu es gern, aber: »*ein*lesen«? Wo denn nur hinein? Durch das Mikrophon *in* den Rechner, in dem der Roman dann verschwände? Reicht es nicht, wenn ich den Roman einfach *lese*? Muss es »einlesen« sein? Gibt es überhaupt einen Unterschied zwischen Lesen und Einlesen? Oder geht es darum, den Vorgang des Lesens mit zusätzlicher Bedeutung *auf*zuladen? Und das Hörbuch durch das *Ein*lesen *auf*zuwerten, so wie man einen Hering schmackhafter macht, indem man ihn *ein*legt? (Und wenn wir gerade schon bei »schmackhaft« sind – könnte man den Fernsehkoch Johann Lafer nicht zu einem Jahr Schmackhaft verdonnern, wenn er sich wieder einmal als Werbeträger

verdingt? Meinetwegen auch *auf* beziehungsweise *zur* Be-
währung?)

Ich könne ihm eine Nachricht auf seinen Anrufbeant-
worter »aufsprechen«, sagt ein Freund. Ich finde *sprechen* völlig ausreichend, aber wenn er darauf besteht,
spreche ich ihm auch etwas *auf*. Wo aber läge anschließend die *auf*gesprochene Nachricht? Oben *auf* dem An-
rufbeantworter? (Der streng genommen gar kein Anruf-
beantworter ist, sondern ein Anrufentgegennehmer oder
Anrufaufzeichner.) Wenn aber die Nachricht *in* der Ma-
schine steckt, habe ich den Anruf dann nicht eher *einge-
sprochen?

»Das müsste man gegebenenfalls *ab*klären«, lautet eine
gängige adäquate Antwort auf all diese Fragen. Zwar genügt es, einen Sachverhalt zu *klären*; einer *Ab*klärung bedarf niemand, und es gibt sie wohl auch gar nicht, außer
in der Welt, in der man *ab*tanzt und sogar *ab*hottet, bis
auch das *ab*gefrühstückt ist, wahlweise sogar *abgemol-
ken*, Hauptsache *ab dafür* – das klingt so entschieden,
so stark, so *ab*solut. Die Buchstaben »Ab« sind sinnvoll
bei Abenteuern, beim Abendbrot im Abendrot, beim Ab-
murksen des Abtes, beim Abrakadabra, beim ABC, beim
Absatteln, beim Abluchsen, beim Theaterabonnement
oder beim Absinth. *Abklären* muss man nichts, das ist
überflüssig, wenn auch *kein Bein ab*.

Nachdem der freundliche Redakteur diesen Text *aus*-
druckte und wir noch Details *ab*geklärt hatten, las ich
ihn *ein*; dann wurde er von den Technikern *ab*gespei-
chert, anschließend hörten wir ihn noch einmal gemein-

sam *ab*. Nein, das stimmt nur zur Hälfte; wir hörten ihn auch *durch*!

Und das alles, damit die Hörerinnen und Hörer ihn später *an*hören könnten. Viel lieber wäre mir allerdings, man könnte den gesprochenen Text schlicht *hören*. Hören ist hinreichend, zum Hören und Verstehen braucht man keinen Aus-ein-auf-ab-und-durch-Salat.

Doch wie sagte schon ein großer Indianerhäuptling, nachdem er den Telefonhörer beiseitegelegt hatte? – Howgh, ich habe aufgesprochen.

Einfach nur so

Im Bahnhof kaufte ich gewohnheitsgemäß ein paar Ansichtskarten. Obwohl sie zum sofortigen Gebrauch bestimmt waren, steckte die Verkäuferin sie in eine Papiertüte, die sich als Werbeträger erwies. Blau auf weiß waren ein Brot, drei Semmeln, ein Croissant und eine Brezel auf die Tüte gedruckt. Darüber stand zu lesen: »Diese Backwaren sind mit glühender Leidenschaft gebacken.« Am unteren Ende der Tüte wurde die Leidenschaft abgerundet, aufgefangen und, wie man in Grafik-Designersprech formulieren würde, gleichsam abgebunden: »Wir lieben Lebensmittel. Edeka.« Muss es denn immer gleich Liebe sein?

Neu ist das Wühlen in großen Gefühlen zum Zwecke der Reklame nicht. Bereits in den 1960er Jahren hieß es: »Autos lieben Shell.« Der US-amerikanische Anarchist Jerry Rubin kommentierte das in seinem Buch »Do it!« damals so: »Wie kann ich sagen ›Ich liebe dich‹, nachdem ich las, ›Autos lieben Shell‹?« Das klingt nicht nur auf den ersten Blick ins Buch hin wie ausgestellte seelische Tiefseetaucherei – es ist auch auf den zweiten Eindruck bloß Geklingel. Gottegott, der arme Kerl, denkt man sich; so sensibel ist der, dass ihn ein Werbespruch für Benzin gleich der Liebesausdrucksfähigkeit beraubt! Wer liebt, wird sich nicht durch PR-Prahlerei davon abhalten lassen. Selbstverständlich ist der Dauermissbrauch schöner und großer Worte zugunsten des stets schnöde genannten, aber allseits doch sehr geliebten Profits eine Angelegenheit von schäbiger Anmutung; Jerry Rubin indes litt nicht lange unter seinem Problem mit dem »Ich liebe dich«-Sagen und sattelte zügig vom Anarchisten zum Börsenmakler um. Soviel zu Wert und Haltbarkeit von Revoluzzerpathos.

In der Bahnhofshalle, gleich gegenüber, sah ich eine Filiale der Aufback-Kette »Le Cro Bag«. Dort sprach man zwar nicht sofort – im Sinne von »Sofortkontakt« jetzt – von Liebe, hatte aber ebenfalls jede Menge inneres Feuer im Angebot. Ein Reimwerker hatte sich an die Arbeit begeben:

> »Mit Ohlàlà gemacht
> Frisch in den Ofen gebracht
> Zum Knuspern gedacht
> Le Cro Bag
> Cross & gut.«

Cross? Kross mit K ist schon seltsam, die Kunstvokabel soll wohl so etwas wie knusprig bedeuten, aber dieses Wort war ja schon im Dreizeiler weggeknuspert worden. Also Cross mit C – wie Moto Cross? Oder wie Le Croissant? Was aber, um gutmütig und gutmütterlich in der Sprache zu bleiben, war dann mit La Baguette?

An einem »Le Cro Bag«-Stand, der allerdings »coffee spot« hieß, was auch Kaffeefleck bedeutet und an dem es »Coffee to go« gab, jene böse Plörre, die nur mit Kaffee zum Davonlaufen übersetzbar ist, las ich: »Leidenschaftlich locker! Unser Butter-Croissant.« Da war sie wieder, die Leidenschaft, die auch schon im Hause Edeka glomm, glühte, loderte und explodierte. Es war zum Fürchten: Wer will schon eine Backware zu sich nehmen, in die zuvor jede Menge fremder Menschen ihre gesamte Leidenschaft hineingepumpt hatten? In die all ihre Liebe hineingeschwappt und -geflossen war? Das latent spermatöse Simulationsgetöse war doch eher anstrengend und wirkte stark appetitzügelnd.

Beim Betrachten junger, aggressiver Testosteronbolzen ächzt alle Welt händeringend: Wo kommt er nur her, all dieser Hass? Bei Lebensmitteln stellt sich die Frage andersherum: Wo kommt sie nur her, all diese Liebe, diese angebliche, ausgestellte und somit inexistent 150-prozentige Gefühligkeit? Und müssen »Le Cro Bag« und Edeka sich ihre Leidenschaft eigentlich teilen? Oder hat jeder von ihnen seine eigene?

Von dieser Art Fragen restgültig in die Flucht geschlagen, sprang ich auf den Zug und schrieb eine Ansichtskarte an einen alten Freund. Es war erholsam, eine freundlich-emphatische Sache zu tun, der man nicht gleich Liebe oder Leidenschaft attestieren oder unterstellen musste. Sondern die aus dem besten aller möglichen Gründe getan wurde: einfach nur so.

Vor Marienkäfern wird gewarnt

Draußen dämmerte es, durch das geöffnete Fenster strömte der Sommer ins Zimmer. Auf dem Fensterbrett duftete ein Rosmarin. Die Liebste und ich lagen auf dem Bett, außer Atem und beglückt. Eine Hummel summte im Küchenkraut. »Hummel, hummel, summel«, sprach die Liebste. »Bist ein süßer, dicker Brummel.« Und küsste mich. Die Hummel verschwand, der dicke Brummel blieb. »Können sich Hummeln eigentlich trollen?«, fragte ich die Liebste entrückt. Sie zeigte mir ihr schönstes Lächeln und einen Vogel.

Ein Marienkäfer surrte ins Zimmer. »Komm, wir schreiben uns mit den Fingern gegenseitig Wörter auf den Rücken!«, beschloss die Liebste in einer Aufwallung von mildem Kinderaktionismus. »Wer beschriftet wird, muss das Wort erraten!« Sie schrieb; ich versuchte, mir meinen sacht gekitzelten Rücken als Schriftstück vorzustellen. Das M am Anfang war leicht, es folgte ein Kreis, ein kleines o, dann kam ein f – nein, es war ein t –, dann ein s, ein c, ein h, ein e, ein k, ein i, wieder ein e, ein p, noch ein c und ein h, abermals ein e, dann ein n, und dann war Schluss. Was war das? M-o-t-s-c-h-e-k-i-e-b-c-h-e-n? Ich kannte das Wort nicht, und genauso fremd und zögerlich sprach ich es aus: »Mo-tsche-kieb-chen ...?«

Die Liebste klatschte in die Hände. »Wunderbar! Du hast es erraten! Wie schön! Motschekiebchen!« Und er-klärte mir, dass in ihrer sächsischen Muttersprache ein Marienkäfer viel schöner geheißen und benannt werde als im Hochdeutschen, nämlich: Motschekiebchen. Und dass, obwohl Marienkäfer ja überhaupt nicht harmlos seien, auch wenn sie allgemein als niedlich gälten. Sie seien aber üble Sendboten der Trauer und der Verdrießlichkeit. Ich verstand nur Bahnhofsdurchsage. Die Liebste aber zeigte sich geduldig: »Marienkäfer heißen Marienkäfer, weil sie sieben Punkte auf dem Rücken haben. Als Siebenpünkter symbolisieren sie die sieben Schmerzen Mariens.«

Ich stand schon wieder auf der Leitung. »Die sieben Schmerzen Mariens? Was soll das bitte sein? Hatte die Dame den Hexenschuss?« Ich grummelbrummelte, aber nicht hummelig. »Sieben Schmerzen Mariens? Muss ich das wissen? Ich bin Agnostiker!« Die Liebste seufzte. »Ein bisschen abendländische Bildung ist doch keine Überdo-sis Gnòsis!«

So erfuhr ich alles Notweilige und Langwendige über Marias sieben Schmerzen. Als da wären: Die Weis-sagungen Simeons, der ihr Geburt und Tod Jesu vorher-sagt; die Flucht nach Ägypten (wozu mir der schöne Witz wieder einfiel, den Rainer Lipski mir einmal erzählte: »Mein Onkel hat 'nen Hund; ä gypt'en aber kein Futter«); die dreitägige Suche nach Jesus; die Begegnung mit Jesus auf dem Kreuzweg; das Mitansehen der Hinrichtung Jesu unter dem Kreuz; die Kreuzabnahme samt Pietà-Vorlage; die Grablegung Jesu. Die sieben Schmerzen werden auch als sieben Schwerter dargestellt; Letzteres nur als Hinweis für Leute, die es mit Aleister Crowley und dem Tarot halten und glauben, damit führen sie besser beziehungsweise sachter den Abhang ihres Lebens herunter.

Ich dankte der Liebsten und schrieb ihr den Satz »Zwischen Laken und Kissen / Soll man alles wissen« auf den Rücken. Sie konnte ihn nicht erraten und drangsalierte mich deshalb so lange als »ganz, ganz fiese«, bis ich ihr den Zweizeiler verriet. Dann schliefen wir.

Mitten in der Nacht kamen sie. Sie waren zu siebt, und sie waren böse. Sieben Marienkäfer hubschrauberten durchs Zimmer, sieben mal sieben Schmerzen des religiösen Wahns, laut, drohend, eine GSG 9 der Käferwelt. »Motschekiebchenalarm!«, rief die Liebste. Keine Fliegenklatsche half, nicht mal ein Teppichklopfer. Boshaft sirrten die Kuriere des Katholizismus, abgefeimter noch als jeder Papst, und käme er gar aus Bayern. Doch verjagten wir sie, indem wir ihnen Voltaire vorlasen. Den Spott des Aufklärers ertrugen sie nicht.

Als die Luft von Betschwesterei gereinigt und im Gegenteil wieder voller Liebe war, schrieb ich der Liebsten mit dem Finger ein Wort auf den Rücken, an dem sie bis heute herumknobelt:

M-a-r-i-e-n-k-ä-f-e-r-e-r-s-c-h-e-i-n-u-n-g.

Ist das der Zug
nach Kötzschenbroda?

Der ICE von Leipzig nach Dresden braucht eine Stunde und elf Minuten. Ich musste zum Konzert nach Dresden und war spät dran; der letzte Drücker ist längst ein Lebensprinzip geworden. Also trabte ich flott über den Leipziger Bahnhof, warf einen kurzen Blick auf die Anzeigentafel für die Zugabfahrtszeiten und sprang auf den Zug. Auf demselben Bahnsteig am Gleis gegenüber fuhr zur selben Minute der ICE nach Berlin, und als er sich in Bewegung setzte, saß ich darin. Oha, das hatte ich ja schön verwechselt und sauber hingekriegt, herzlichen Glückwunsch, einmal Hallo wach bitte.

Die Schaffnerin, der ich von meinem Malheur berichtete, war sofort hilfsbereit. Normalerweise, sagte sie, könne ich in Wittenberg aussteigen und zurückfahren, aber dieser ICE halte dort ausnahmsweise nicht, sondern erst in Berlin-Südkreuz. Von dort fahre auch ein EuroCity nach Prag über Dresden, den ich allerdings nicht erreichen könne, da er genau dann starte, wenn unser Zug ankäme, und heute sei der EC ganz pünktlich – ich müsse also von Südkreuz nach Leipzig zurückfahren und dort den ICE nach Dresden nehmen.

Das würde drei Stunden Verspätung für mich nach sich

ziehen; da saß ich nun und schalt mich einen Esel. Aber ich hatte Glück: Am Umsteigebahnhof Berlin-Südkreuz stand doch noch der Zug nach Dresden. Viermal fragte ich den Schaffner, ob dieser Zug auch tatsächlich in Dresden halte, er sah mich schon ganz seltsam an, wie ein rollischäublescher Heimatschützer, bestätigte aber das Ziel des Zuges. Glücklich ließ ich mich im Speisewagen in ein Polster fallen und sah mit Freuden, dass der tschechische Kellner in seinem Lokal die Benutzung von Computern und Mobiltelefonen nicht gestattete; überzeugend würdevoll machte er geltend, einer rollenden Gaststätte vorzustehen, keinem Büro. So geht es doch auch, und bei Wasser und Brot gelobte ich, Verspätungen bei der Bahn von nun an als eine Gnade anzusehen, die Letztesekundemenschen wie mir erwiesen wird.

In Dresden ging es vom Bahnhof mit dem Taxi zum Theaterkahn; im Radio wurde berichtet, die Bahn habe nach heftigen Kundenprotesten nun doch Abstand vom geplanten »Bedienzuschlag« genommen. Der Fahrer lachte nur höhnisch und fluchte auf die Bahn; ich aber wandte freundlich ein, dass es im Kapitalismus nur folgerichtig ist, wenn man die Verschlechterung seiner Lebensverhältnisse selbst zu alimentieren und zu finanzieren hat. Die Abgreifer verlangen nun einmal ihren Profit, Elite will Rendite. Gewinne werden privatisiert, Verluste sozialisiert, das ist die Geschäftsordnung. Ich möchte niemanden agitieren; es entbehrt nur jeder Logik, sich über ein Gesellschaftssystem, das man als Ganzes durchschaut hat, immer wieder im Detail zu erhitzen. Man muss es verlassen oder stürzen, weniger reicht nicht. Dass aber auch der Zug zur Revolution mit Verspätung abfährt, will ich ausdrücklich loben und gutheißen; wie sonst sollte ich ihn schaffen?

Das Hotel in Dresden war neu und wirkte freundlich. Ein Fenster durfte man allerdings nicht öffnen, es sei denn, man wäre ein Freund nächtlicher Güterzüge und ihres Rappelns und Klödderns. Das Schließen des Fensters half allerdings nicht gegen einen anderen Quell des Lärms. Mitten in der Nacht sprang eine Lüftungsanlage an, ventilierte, dröhnte und huuhlte. Alle Versuche, sie zu deaktivieren, blieben fruchtlos.

Ich griff zum Telefonhörer und rief die Rezeption an. Eine schlaftrunkene, undeutliche Männerstimme meldete sich. Ich schilderte das Lärmproblem und bat um Rat, wie das Geräusch abzustellen wäre. Der Mann am anderen Ende blieb stumm, ich insistierte und bekam unidentifizierbare Laute zu hören – offenbar verstand er mich nicht. Also gut, dachte ich, probieren wir es auf Englisch: »The ventilation … very noisy … how can I stop it?« Keine Reaktion. Vielleicht ein Versuch auf Osteuropäisch? Die Zeiten meines Russischunterrichts lagen 30 Jahre zurück, ich hatte alles vergessen. Also Pidginsüdländisch? »Ventilatione – Makkina makke Krakk!«, hörte ich mich sagen und musste selbst lachen. Antwort bekam ich keine – und versuchte es auf Restfranzösisch. »Il y'a de bruit dans la chambre … la ventilation … qu'est-ce que je peux faire?« Nichts geschah. Verstand der Mann denn gar nichts? »Brümm!«, hörte ich mich in den Hörer rufen. »Il fait brümm!«

Nach weiterer Stille im Apparat legte ich auf; das Brummgeräusch aber erlosch nach etwa zehn Minuten – um, genauso rätselhaft, am Morgen wieder zu ertönen. Zeit also, abzureisen und Dresden anzuschauen. Vor der Damenkirche stand eine halbkilometerlange Schlange; ob es da Südfrüchte gab? Für acht Euro Eintrittsgeld konnte man die Kuppel besuchen; dabei war doch die Ruine viel eindrücklicher und, wenn man so etwas denn will, auch mahnender gewesen. Die Botschaft lautete: So geht das, wenn man bei Hitler mitmacht, dafür gibt es irgendwann richtig was auf die Omme, und dann trifft es jeden. »Dem Vaterland zu Zier und Ehr«, stand an einem gegenüberliegenden Gebäude; den Reim »Genau da kommt das Elend her« musste man sich aber im Geiste dazudenken.

Ein Frühstück konnte bei Musikbeschallung unterm Heizschirm eingenommen werden; die Zerstreuer, Zerhacker und Ventilatoren für den Kopf arbeiten rund um die Uhr. Wer sich akustisch desensibilisieren will, kann, um sich ans Dröhnen zu gewöhnen, frühmorgens eine Stunde föhnen. Dem Dresden-Touristen werden Stadtrundfahrten im Stretch-Trabbi und in der Pferdekutsche angeboten; auch das sind sehr gute Gründe, den Auftrieb wetterbejackter Beknackter zu meiden.

Lauschig zwar lag Kaditz an der Elbe herum; doch rudelweise zischten volljährige, Helm tragende Zivilisten umher. Das Aufsetzen eines Helms aber verleiht einem Kopf noch keinerlei Inhalt; es ist im Gegenteil historisch erwiesen, dass das Stülpen von Helmen auf menschliche Köpfe jede nennenswerte Tätigkeit zwischen den Ohren erstickt.

Auch in Kötzschenbroda war Großbohei und Halligalli. Der zu Radebeul gehörende Ort wurde bekannt durch das Lied »Verzeih'n Sie, mein Herr, fährt dieser Zug nach Kötzschenbroda?«, eine Variation des Klassikers »Chattanooga Choo Choo«, von Bully Buhlan und dem Leipziger Rundfunktanzorchester bereits 1946 aufgenommen, mit dem noch jungen Walter Eichenberg, dem späteren langjährigen Orchesterleiter, als Trompeter. Von Walter Eichenberg, der mit einem Glasauge aus dem Zweiten Weltkrieg nach Hause kam, sind bis heute schöne Geschichten im Umlauf: Wie er Orchestermusiker, die falsch oder zumindest für sein Dafürhalten nicht gut genug spielten, mit seinem zuvor in spontanem Zorn herausgepuhlten Glasauge bewarf, um sie zur guten Ordnung zu bringen, und wie er ihnen anschließend auftrug, das künstliche Auge zügig wiederzusuchen und ihm zu bringen. Leipziger Taxifahrer erzählen noch heute mit andacht-, respekt- und freudegeölten Stimmbändern, wie sie Walter Eichenberg, einen großen und stattlichen Mann, nach »eino guden Mugge« zu dritt ins Auto und später die Treppen hoch getragen hätten. Für ihn, einen Verbreiter der allerbesten Laune, taten sie das offenbar gern.

Genug der Nebenstränge und zurück nach Kötzschenbroda: Im Großraum Dresden gab es nach dem Zweiten Weltkrieg nur noch einen funktionstüchtigen Bahnhof, eben den in Kötzschenbroda, und Reisende von oder nach Dresden lernten diesen Ort somit automatisch kennen. Die deutsche 1946er-Version des »Chattanooga Choo Choo« ist viel swingiger und charmanter als der eher flapsig-plumpe »Sonderzug nach Pankow«, den Udo Lindenberg Jahrzehnte später zur Werbung in eigener Sache abfahren ließ.

Im Kötzschenbrodaer Gasthaus »Zur alten Unke« liebt man es lyrisch: »Woanders die Fritteuse lacht / Hier wird alles in der Pfann gemacht«, hatte einer mit Kreide auf eine Tafel geschrieben; dauerhafter sollen wohl diese Zeilen wirken: »Gott schütze dieses Haus vor Not und Feuer, / vor Stadtplanung und vor Steuer.« Der modernen Plagen sind so viele, dass mancher die Hände gen Himmel reckt.

Ein Kriegerdenkmal hat Kötzschenbroda auch: »Für uns – Treu bis in den Tod 1914–1918« heißt die Inschrift, die sich liest wie eine Quittung für vaterländische Ehrtümelei. Ein paar Meter weiter ist das Pfarramt zu Hause – und schräg gegenüber eine »Oase der ganzheitlichen Entspannung«. Das klingt stark nach Massagesalon und ermöglicht einen geisteswissenschaftlichen Dreisatz. These: Pfarramt – Antithese: Handentspannung – Synthese, aus dem peterrühmkorfschen lyrischen Volksvermögen: »Der Pfarrer aus Emden / stärkt seine Hemden / mit eigenem Samen. / Gott erhalt's. Amen.«

Von Kötzschenbroda ging es nach Meißen, wo es, irgendwie logisch, das berühmte Meissener Porzellan gibt, nur echt mit den Schwertern und dem Schwiegermuttergroove, ich sage nur: Zwiebelmuster, brrr. So was würde man ja gerne mal fallenlassen, ganz besonders die Nippesfiguren: Stehrümchen de luxe für die Witwenvitrine. Meissener Gold, ein Zufallsprodukt des Alchimismus, ist genau das Richtige für Leute mit Geld und mit ohne

Geschmack. Mögen sie ausgeplündert werden für und für.

Auch die sächsische Literatur blühte in Meißener Schaufenstern. Sabine Ebert, eine Journalistin aus Freiberg, hat Historienromane geschrieben und bei Blanvalet veröffentlicht: Auf »Das Geheimnis der Hebamme« und »Die Spur der Hebamme« folgte »Die Entscheidung der Hebamme«. Wie aber lautet die? Wollen wir ihn rauslassen? Zirka eine Million Leserinnen nicht nur in Sachsen möchten das dringend wissen.

Lieblich ist die Gegend um Meißen, und der Wein, der hier wächst, lohnt, getrunken zu werden. Eine Karpfenschänke war ausgeschildert, das klang verlockend, wir folgten der Straße, und siehe: Der ganze Ort heißt so, Karpfenschänke, und eine Karpfenschänke gibt es in Karpfenschänke auch. Wir kehrten ein. Es gab Federweißen und Zwiebelkuchen; beides muss man in einer Weingegend zur Weinerntezeit einfach zu sich nehmen, trotz der bekannten Folgen im Leibe innen:

Neuen Wein und Zwiebelkuchen
Testet man in Selbstversuchen:
Wie viel kann der Mensch probieren,
Ohne prompt zu explodieren?

Während wir die Forschungsergebnisse unten noch abwarteten, schoben wir oben nach, eine hausschlachtene Bratwurst mit hausgemachtem Kartoffelsalat, dazu einen 2007er Riesling Kabinett vom Weingut Schloss Proschwitz gleich nebenan. Der feine Stoff hat das Zeug zum Klassiker und ist mit 11,5 % Alkohol auch erfreulich traditionell leicht gemacht. Es handelt sich um keine dieser zwölfeinhalb bis vierzehneinhalb Prozent-Bomben, die ausschließlich für Weintester produziert werden, für Leute also, die bei dem einen Probierschluck, den sie nehmen, ja gleich Knallkörpersensationen und Geschmacksverstärkungsbeben auf der Zunge erleben müssen. Die sie dann auf albernen, willkürgeprägten Punkteskalen bejubeln können, mit deren Hilfe die Preise nach oben getrieben werden.

Die Folgen für den Gern- und Genusstrinker sind fürchterlich: Konnte er sich früher von mittags bis abends sukzessive und manierlich ein, zwei Flaschen Weißen einhelfen und dennoch leichtfüßig und springherzig heimwärts eiern, ist er heute nach ein oder zwei Gläsern Hochleistungsspritwein duhn und schwer in Kopf und Gemüt.

Nicht aber in der Karpfenschänke in Karpfenschänke, wo der Wein keine chemische Keule und die Speisekarte in gutem Deutsch abgefasst ist. Die Zeitangaben in einer kleinen Erläuterung zu Geschichte von Ort und Gegend kommen ohne die christlichen Propagandabegriffe »nach Christus« oder »nach Christi Geburt« aus; es gilt die richtige Schreibweise: »nach heutiger Zeitrechnung« beziehungsweise »nach unserer Zeitrechnung«. Die Beseppelung mit christlicher Ideologie und der Mumpitz vom christlichen Abendbrotland unterbleiben. So zivilisiert war Deutschland schon einmal; ein paar Reste davon sind übrigens noch übrig, zum Beispiel in der Karpfenschänke meines Vertrauens.

Von der Fahrerlaubnis
zum Führerschein

Beinahe 20 Jahre nach ihrem Ende bekommt die DDR, wenn in deutschen Medien von ihr die Rede ist, die Attribute »ehemalig« oder »damalig« umgehängt. Von der »ehemaligen DDR« ist die Rede, von Personen oder Vorgängen in der »damaligen DDR«. Die Ehemalig- und Damaligkeit der DDR zu erwähnen ist nicht nur überflüssig – schier unmöglich, nicht zu wissen, dass es dieses Staatsgebilde nicht mehr gibt –, es ist darüber hinaus auch falsch: Von der »ehemaligen DDR« könnte man nur sprechen, wenn es eine heutige gäbe. Es heißt ja auch nicht »ehemalige Weimarer Republik«, sondern Weimarer Republik.

Warum also die Überbetonung der Tatsache, dass die DDR nicht mehr existiert? Mit den Vokabeln »ehemalig« und »damalig« bringt man zum Ausdruck: Das gibt's nicht mehr, das ist weg für immer, gone with the wind, tempi passati, und zwar endgültig und für alle Zeit. Mit nur 40 Jahren Dasein hat die DDR den Schnapphähnen einen solchen Schrecken eingejagt, eine solche Furcht vor Einflusslosigkeit und Profitverlust, dass noch immer ein Sprachgraben gezogen werden muss: DDR ausschließlich mit Präteritum; das war einmal, das kommt nicht wieder, das ist ehemalig, damalig, also von gestern.

Ganz jetztzeitig dagegen ist die Freiheit der Beute- und Konsumgermanen bevorzugt westlicher Provenienz. Zwangsmobil und jederzeit mobil erreichbar, haben manche von ihnen sogar schon Räder untendran. Wie in die Wurst gepellt, die Hodensäcke in schwarze Kurzenghosen eingezwängt, ein synthetisches Bikertrikot über den Rumpf gezerrt und Astronautenturnschuhe an den Mauken, stülpen sie Helme auf Köpfe, die aber auch zum Tragen von Sonnenbrillen sehr geeignet sind.

Diese Verneinung von Kleidung am Leibe, setzen sie sich dennoch ins Café und erwarten Bedienung, aber pronto, ja, bisschen plötzlich, zackzack. Wenn sie den Mund aufmachen, wird es brackig – und aualaut im armen Ohre. Im Umkreis von wenigstens fünf Metern wird jeder zum Hörbrett gemacht. Man darf, nein: muss erfahren, was ihre Kledage und ihre Gerätschaften gekostet haben, was sie als Nächstes anschaffen werden und wie viel Prozente sie im Fitnessstudio bekommen. Wechselseitig versichern sie einander ihre Großartigkeit, wobei aber jeder immer doch noch ein bisschen größer ist als der andere, das muss schon sein. Dass Statusgekläffe, Herrenmenschelei und permanentes Männchenmachen deutliche Indizien massiver kultureller Unterlegenheit und Ausdruck eines tiefen Minderwertigkeitskomplexes sind, fiele ihnen niemals ein oder auf.

Schließlich sind sie einzelne, freie Vertreter der freien Welt, also Produkte profitmaximierungsorientierter Zwangszurichtung. Von 1949 bis 1989 wurden sie nahezu ausschließlich im Westen hergestellt, seit knapp 20

Jahren werden sie auch im Osten produziert. Wie grundsätzlich die DDR von der Bundesrepublik geschieden war, zeigt sich vor allem in den verschiedenen Sprachen. Gibt es einen größeren Unterschied als den zwischen »Fahrerlaubnis« und »Führerschein«?

> Im Osten hieß es Fahrerlaubnis,
> Im Westen heißt es Führerschein.
> Die Ostler sollten staatsvernünftig,
> Die Westler wollen Führer sein.

Das ist nicht neu, aber dass sie es immerzu allen vorzeigen müssen, ist toleranzzerrüttend und soll ihr Ende besiegeln. Der Tag wird kommen.

Krieg und Frieden

KRIEG!«, jubelt *Bild* in besonders gewaltigen Großbuchstaben. Krieg geht noch besser als Fußball oder Olympia, da ist noch mehr Schicksal, noch mehr Leid, alles ist echt, da sind richtige Menschen, die richtig sterben und richtig bluten, und alles frei Haus, man muss nur ein paar Reporter und Fotografen »vor Ort« haben, für den professionellen Vor-Ort-Journalismus, und man kann Tragödie dazu sagen und dass es furchtbar schrecklich ist und ganz prima davon leben.

Über Jahre misshandelte Kinder sind schon auch gut, die werden von *Bild* ihr Leben lang verfolgt und gejagt, schließlich gibt es eine journalistische Informationspflicht. Aber Krieg ist noch ergiebiger; etwas Besseres als Krieg ist nicht denkbar für *Bild*-Chefredakteur Kai Diekmann und seine Leute. Wenn es etwas Abscheulicheres gibt als das Abschlachten von Menschen, dann ist es die publizistische Begleitmusik, die Hetze zu mehr davon, das Anfeuern und Abkochen. In der Variante von *Bild* pervertiert die Freiheit der Presse zum Recht, das Elend zu mehren und davon zu profitieren. Dass der bürgerliche Journalismus dem nacheifert und mit *Bild* gemeinsame Sache und Geschäfte macht, sagt alles, was über diese Art Journalisten zu wissen notwendig ist.

Krieg ist eine anthropologische Konstante. Die Geschichte der Menschheit ist die Geschichte von Kriegen. Krieg ist einfach, Krieg kann jeder Depp. Frieden ist schwer. Frieden beruht auf Einsicht in die Vernunft und lässt sich nur herstellen durch die Unterdrückung atavistischer Triebe und Wünsche. Jemanden nicht zu erschlagen erfordert unendlich viel mehr Kraft, Anstrengung und Disziplin, als es zu tun. Töten ist bloßes Nachgeben; nicht zu töten ist Auflehnung. Der Tötungswunsch ist anthropologische Normalität; ihm nicht zu folgen, ist Zivilisation. Sich affirmativ zum Krieg zu äußern, vermehrt und vergrößert die Verbrechen des Krieges.

Trieb ist Kulturverzicht, Kultur ist Triebverzicht. Deshalb ist Kultur so schwierig; man muss dafür etwas aufgeben, das zum genetischen Kanon der Spezies gehört. Diese Entscheidung zu treffen und sich entsprechend zu verhalten, ist eine große Anstrengung. Jeder Mensch weiß das, denn jeder Mensch hat Verwandte. Verwandte sind ungehörige Angehörige. Jeder Mensch hat auch Nachbarn. Das mit Nachbarn unmittelbar verknüpfte Wort heißt: erschlagen. Sie zum Schweigen bringen. Sie zur Ruhe kommen lassen. Weil das so naheliegend ist, wurde es bei Androhung von Strafe verboten. Der Wunsch bleibt und wird Traum. Könnte man für die lärmende Bagage nicht Giftköder auslegen? Mancher flüchtet sich, um seine Tötungsphantasien nicht real werden zu lassen, in eine Art Haustierhumanismus: Nein, leg das Gift nicht aus, die

Kinder sind ja egal, aber das könnte doch auch den kleinen Hund oder die süße Katze treffen. Diese Art Tierliebe rettet täglich unzählige Nachbarn- und Verwandtenleben.

Auch ich wurde auf eine harte Probe gestellt. Am Leipziger Hauptbahnhof stand an einem schönen Junimorgen plötzlich Kai Diekmann neben mir am Gleis. Er war noch öliger frisiert, die Brille im hochgemuten Frettchenface war noch eine Idee brüllender als auf Fotos, doch er war es: ein Schmierlappenschreiber auch äußerlich, aufgewachsen im Maurerdekolleté von Helmut Kohl.

Der Chefredakteur von *Bild* stand höchstens zwei oder drei Meter von mir entfernt. Die Phantasie war eindeutig: einmal kurz die wetgegelte Samenschleuder gegriffen (ohne an ihr abzugleiten, das wäre die Kunst), und dann die modrige Blut-und-Urin-Kruke ruckzuck ins Gleisbett befördert! So sah es in mir aus. Doch mühsam unterdrückte ich den Wunsch und ließ Vernunft walten: Nein, für *den* gehst du nicht in den Knast, das ist der Kerl nicht wert, dafür ist das Leben viel zu schön.

Dass Humanismus schwer ist, wusste ich; wie schwer, das erfuhr ich an diesem Morgen.

Von Siegern und Helden

Sieg! Sieg!«, hallt es dumpfig durchs Land, das Geschäft mit der Fahne läuft glänzend, sogar an Kinderwagen wird die Flagge befestigt, aber so ist das im Krieg: Am schlimmsten ist es für die Kinder. Oder waren es die Haustiere? Alles, was Geld zählen möchte, ist mit dabei; zur Patriotismusaufwallungsveranstaltung Fußball-Europameisterschaft legt auch Edeka nach und flanscht sich an die Kundschaft an: »Wir drücken die Daumen für Deutschland!« Schwer geliebt wird selbstverständlich auch: »Aus Liebe zu meisterhaften Preisen« werden allerlei »Super-Knüller« feilgehalten; beispielsweise gibt es Windeln in der Großpackung – die deutsche Siegerwindel quasi. Denn wer immerzu zwanghaft andere für sich siegen lassen muss, der hat nichts sonst als eben die Hosen voll.

Das »Sieg!«-Gebrüll ist allein schon wegen der – völlig beabsichtigten – »Heil!«-Konnotation abstoßend; es offenbart aber auch Armut. Nationalisten sind vollendet anspruchslos; für sie zählt nie der Stil, immer nur das Ergebnis, der Sieg. Es gibt einen feinen, also großen Unterschied zwischen siegen und gewinnen. Wer gewinnen will, weiß um die Möglichkeit, dass er verlieren könnte.

Er spielt ein Spiel, und wenn er es verliert, hat er ein Spiel verloren, nicht sein Gesicht oder seine Ehre. Er weiß, dass Glück dazugehört; ein Spiel hat immer auch etwas von einer Lotterie, und wenn man verliert, nimmt man das sportlich hin. Nicht von ungefähr spricht man von einem gewinnenden Verliererlächeln. Verlieren können ist eine zivilisatorische Fähigkeit, die man erlernen muss. Nur wer mit Stil verlieren kann, wird in den anthropologischen Adelsstand erhoben, und zwar mit dem Toast:

> Wenn er am Ende auch verlor,
> Er zeigte Größe durch Humor.

Siegen dagegen verlangt die Niederlage, die Kapitulation, die Unterwerfung oder die Zerstörung des Gegners – der nicht gegen einen Gewinner verlor, sondern von einem Sieger besiegt wurde. Und für Besiegte gilt nach wie vor das römische »Vae victis« – wehe ihnen! Gewinnen ist ein Glück, siegen ist mörderisch; deshalb ist im militarisierten Sportjournalismus von »Sieger-Genen« und von einer »Sieger-Mentalität« die trübe Rede, von »Leitwölfen«, von »Siegertypen« und, nahezu milde, von »Führungsspielern«. Damit nach dem Sieg nichts mehr übrig bleibt, vor allem nicht die Frage, wie er zustande kam, spricht der Sportreporter bevorzugt vom »schlussendlichen Sieg«, der also nicht angezweifelt werden kann, »in keinster Weise«, wie es in Analogie zur Schlussendlichkeit heißt, denn wo der Dauersuperlativ regiert, muss auch das Nichts gesteigert werden. In keiner Weise genügt da längst nicht mehr, es muss schon die keinste sein.

Der Sieg auf dem Sportplatz ist der Ersatz für den Sieg im Feld. Deutsche Sieger werden nicht nur beim Fußball gebraucht; die Armee wirbt Rekruten an, packt junge Menschen bei der Existenzangst und verspricht: »Bundeswehr. Karriere mit Zukunft.« Was nichts anderes heißt als: Krieg gibt es immer, das Umbringen hat auch in Zukunft Konjunktur, und es wird ja bei den Kameraden auch immer mal wieder ein Platz frei, auf den man vorrücken kann. Die militärische Propaganda verklärt nicht nur den Krieg als friedensstiftende Maßnahme, sondern auch den Kriegseinsatz als Gelegenheit zum persönlichen Aufstieg: Hier kann man Sieger werden.

Die Geschichte hat es gezeigt: Man kann sich zu Tode siegen. Wenn einer dieser Karrieristen mit Zukunft ganz gegenwarts- und zukunftsfrei vom Auswärtsspiel zurück nach Deutschland geflogen wird, im Zinksarg, dann spricht die deutsche Sprache ihn heilig: Er kehrt in die Heimat zurück, als Held. Dann erst, wenn auch nur für wenige Minuten, brüllt niemand mehr »Sieg!«

Tausend Prozent, bedingungslos

Wenn der Fußball regiert, hat der Verstand Pause. Pausen sind wichtig, nicht nur in der Musik; seltsam ist nur, dass die Denkpause als besonders wohltuend empfunden wird von Menschen, die ohnehin möglichst wenig Gebrauch von ihrem Gehirn machen. Das hat eher psychologische als logische Gründe: Erst wenn sich wirklich alle im Kollektiv einfinden und sich einordnen, ist das ungestörte Fühlen vorher exakt verabredeter und festgelegter Gefühle möglich. In der Sprache des Fußballkommentars heißt das »Emotion pur«. Gemeint ist reine Emotion, aber das sagt sich so schön reißerisch daher: »Emotion pur«, »Hochspannung pur«, »Adrenalin pur« – auch wenn es das gar nicht gibt, genauso wenig wie die »150-prozentige Chance« oder die »120-prozentige Leistung« eines Spielers oder einer Mannschaft. Prozent heißt »von hundert«, und bei hundert von hundert möglichen Prozenten ist in diesen Fällen Schluss. Mehr Chance oder Leistung geht nicht, tut mir leid. Obwohl mir beispielsweise eine exakt herausanalysierte 137,4-prozentige Chance wiederum sehr gut gefiele.

Ich sage das nicht, um mich zu beschweren oder mich kostengünstig lustig zu machen. Wer wie aktive oder ehemalige Fußballer unmittelbar oder mittelbar vom Fußball lebt, muss gar nicht unfallfrei sprechen können – redet aber leider unentwegt, unter anderem deshalb, weil es, im Angebernullvokabular gesagt, zum »Anforderungsprofil« des modernen Fußballspielers gehört, auch vor Kamera und Mikrophon seine »Leistung abzurufen« und sein »Potential auszuschöpfen«, und zwar 150-prozentig. Das hört sich oft so an: »Ja gut, ich hab ihn reingemacht«, sagt der Fußballer, und der Fernsehfußballjournalist nickt das zufrieden ab: »Danke für die Analyse.« Dafür ist Sigmund Freud zwar nicht gestorben, dass wasserlösliches Instant-Konsensgestammel als »Analyse« durchgeht, doch solange nur beruflich deformierte Fußballmenschen so reden, soll man seinerseits kühl analytisch bleiben und feststellen, dass die Übertreibung und das Aufblasen banaler Vorgänge nun einmal ihr Geschäft sind.

Für einen Berufsautor, der sich öffentlich und schriftlich, also nicht in der Hitze eines Augenblicks oder vor einer Kamera, sondern auf gedrucktem Papier äußert, gelten strengere Regeln. In einer Kolumne für die *Leipziger Volkszeitung* im Juni 2008 bekannte Thomas Brussig, er sei »bedingungslos für Deutschland«. Für Deutschland sein, was immer das heißen soll, kann ja, wer das möchte oder braucht. Aber »bedingungslos«? Ohne jede Voraussetzung? Meint er das so, oder eilt er nur schon mal voraus? In seiner Glosse übertrifft Brussig den rhetorischen Steigerungszwang jedes Fußballschreihalses um ein Vielfaches. Er sei sich »als Fan tausendprozentig sicher« er-

klärte er, dass Kroatien gegen Deutschland nicht gewinnen werde. Wer es unter tausend Prozent nicht schafft, der
braucht Promille.

Gegen Deutsche ist feige

Am 27. August 2008 wurde in Afghanistan ein deutscher Soldat getötet; der Fallschirmjäger geriet mit seiner Patrouille in eine Sprengfalle. Sein Dienstherr, Bundesverteidigungsminister Franz Josef Jung, schlug postwendend rhetorisch zurück und nannte den Anschlag »feige und hinterhältig«. Die notorischen Reflexe gelernter Herrenphraseure muss man nicht ernst nehmen; man kann sie aber untersuchen und auf eventuell vorhandene Bedeutung hin prüfen.

Wieso »feige und hinterhältig«? Sind Minen und Sprengstoff keine Kriegsmittel? Oder waren keine afghanischen Kinder zugegen oder greifbar, die man hätte vorschicken können? Haben nicht Soldaten in Afghanistan Kinder mit Schokolade und Kaugummi dazu verlockt, in ein Feld zu gehen, das sie im Verdacht hatten, vermint zu sein? Was war das? Mutig und offen? Oder sagt der Minister dann wurschtig, es ist eben Krieg, was soll man machen, es ist bedauerlich, aber so ist Krieg nun mal?

Mit der Formel »feige und hinterhältig« attestiert der Sprecher sich und seinen Interessen eine kirchturmhohe Moralität; die Floskel ist reine Propaganda. Wie aber müsste ein Angriff auf deutsche Soldaten aussehen, der anschließend nicht als »feige und hinterhältig« verurteilt würde, und zwar »scharf«? Soldaten, die auf eine Hochzeitsgesellschaft schießen oder einen Kinderspielplatz bombardieren, tun per definitionem nur ihre Pflicht, und zwar mutig; falls man das saturierte Fernsehvolk daheim emotional etwas aufstacheln muss, sind sie sogar heldenhaft bei der Sache. Wenn sie Zivilisten umbringen, handelt es sich stets um einen »tragischen Irrtum«; wer aber einen deutschen Soldaten an der Ausübung dieser Pflicht hindert, ist, ebenfalls per definitionem, »hinterhältig und feige«. Kriegsrhetorik dient der künstlichen Erzeugung von Gefühlen; ohne den Hass an der Heimatfront ist kein Krieg zu führen.

Würdig und akzeptabel kann man gegen deutsche Soldaten nur kämpfen, indem man sich ihnen in Anerkennung ihrer Überlegenheit ergibt. Oder sich, noch besser, gleich selbst erschießt. Dann zollt auch der deutsche Kriegsminister seinen Respekt.

Wenn Deutsche Krieg führen, ist jeder, der sich wehrt, automatisch »feige und hinterhältig«. Nicht nur Minister Jung beherrscht das knopfdruckartige Gratisgerede; seine Kanzlerin Merkel zeigte sich vom Tod des deutschen Soldaten »tief erschüttert« und sprach den Hinterbliebenen ihr »aufrichtiges Beileid« aus. Wer die Aufrichtigkeit seiner Gefühle betonen muss, weiß warum. Mein Beileid für diese Bundeskanzlerin beispielsweise wäre immer ein unaufrichtiges.

Public Viewing

Je nationaler einer gesinnt ist, desto weniger hat er mit seiner Muttersprache zu tun. Bevorzugt wird die Mischung aus völkischer Gratisgesinnung und aufdringlichem Radebrech anlässlich internationaler Fußballturniere präsentiert. Das hört sich dann beispielsweise so an: »Das Warten hat ein Ende. Europa ist ab sofort wieder im kollektiven Fußball-Rausch!« Ganz so, als sei Wahn etwas Erfreuliches.

Verkündet wird der geistausgeknipste Zwangsjubel nahezu ausnahmslos überall, denn Massenkompatibilität ist das letzte verbliebene Kriterium, das den Medienmutanten geblieben ist. Der einst spöttisch gemeinte Satz, dass Milliarden Fliegen sich nicht irren könnten, wird grundernst als Credo verkündet: Wo die Masse sich versammelt, läuft das Medium affirmierend und applaudierend mit.

Artikulationsunfähige Automobilisten klemmen sich eine Fahne ans Gefährt und überwinden dergestalt plakativ ihre Ausdrucksbeschränkung; billiger ist Gesinnung nicht zu haben. Das schwarz-rot-goldene Herumgewimpel findet den medialen Ausdruck im gönnerhaften, national gesättigten Kommentatorenton. »Ein Unentschieden ist das höchste der Gefühle für diese polnische Mannschaft«, raunt ein Sportradiot, sein Kollege nennt einen aus Brasilien stammenden und in Polen naturalisierten, eingebürgerten Spieler »eingepolt«, und dann lachen beide altmännerschmaddrig über den tollen Witz. Ihre Überheblichkeit ist ihnen wohlig und vollkommen eingefleischt; zu einem Bewusstsein kann sie ihnen nicht kommen.

Die nationale Selbstfeier spricht sich vollautomatisch wie von selbst weg: »Mit ganz, ganz breiter Brust« und ebenso redundant »sehr, sehr gut« sind, das versteht sich von selbst, die Deutschen unterwegs, und »die deutschen Fans freuen sich laut und vernehmlich«. Zwar ist an einer nach ungewaschenem Herrengedeck miefenden Gebrüllkamarilla nichts Angenehmes, aber das wird medial schöngesprochen, denn der Sportjournalist ist Teil der Masse, ist »dabei«, ist »vor Ort« und vor allem ist er »einer von uns«, Teil des kollektiven »Wir«, das jedwede differenzierte oder abweichende Wahrnehmung ausschließt und verbietet.

Weil Nationalismus niemals harmlos ist, muss seine angebliche Harmlosigkeit aggressiv betont werden, und dazu bedient sich der Nationaljournalist eines modischen Gestammels, das sich international gibt, in dem es also von »City-Toiletten« und »Fan-Shops« wimmelt – und in dem die Zuklumpenballung aufgestachelter Gaffmassen »Public Viewing« heißt.

Pech nur, dass »Public Viewing« gar nicht »öffentliches Anschauen« heißt – sondern die öffentliche Aufbahrung eines Verstorbenen begrifflicht. Wer zum »Public Viewing« geht, wohnt einer Leichenschau bei und freut sich halbtot, weil er nicht weiß, dass er schon ganz hinüber ist.

Die Deutschen bedürfen nicht der englischen Sprache oder der Anglizismen, um sich falsch, inhaltsarm oder idiotisch auszudrücken; es ist ihnen dazu jede Sprache recht, von der sie nichts verstehen. Meistens ist das die deutsche, sie nehmen aber auch jede andere, die sie kriegen können, und lassen sich dabei nicht stören. Dass sie beim »Public Viewing« zu ihrer eigenen Leichenfeier gehen, ficht sie nicht an – sie bemerken es nicht einmal. Das nennt man wohl unheilbar gesund.

Bölken oder Blöken

Als das organisierte Geschrei vorbei war, konnte der Sommer beginnen. Etwas aufgestaut hatte er gewissermaßen Anlauf genommen und legte mit 90° Celsius richtig los. Das hatte mit der Erderwärmung aber nichts zu tun und auch nicht mit dem Treibhauseffekt oder dem persönlichen CO_2-Konto, von dem so viel die Rede ist – es war nur die Therme. Hierhin hatten wir uns für das Endspiel der Fußballeuropameisterschaft 2008 zurückgezogen. Es war etwas schwierig geworden, biergefüllte Hohlkörper zu ignorieren, die das Delikt der Nötigung auf sich luden und »Steh auf, wenn du Deutsche seid!« bölkten. Auf die Sauna aber hatten sie ihren Beflaggungsterror und ihr grobgeraspeltes »Deutschland!«-Geröchel nicht ausgedehnt. Kompetent mit Kirsche-Akazie- oder Menthol-Aufgüssen bedampft und in vollendeter Stille, konnten wir spanischen Fußballspielern bei ihrer nützlichen Arbeit zusehen. Und mit Joachim Ringelnatz eine organische Verbundenheit der Sachsen mit den Spaniern feststellen:

Wenn man den sächsischen Dialekt
Ein bisschen dehnt und ein bisschen streckt

Und spricht ihn noch ein bisschen tran'jer,
Dann hält einen jeder für einen S p a n i e r !

Drei Wochen lang dauerte die gleichermaßen religiöse
wie vaterländische Veranstaltung. Im *Spiegel* wurde eine
»nationale Auferstehung« herbeigeschrieben und erfleht;
das erzielt unbeabsichtigte komische Wirkungen: Möchte
man sich beispielsweise Bastian Schweinsteiger als Jesus
Christus vorstellen? Gekreuzigt vielleicht, allein schon der
permanenten Großsprecherei wegen, als hätte der liebe
Gott persönlich ihm den Fuß beim Toreschießen geführt;
für so viel Hybris darf ein bayerischer Dummklumpen
durchaus schon mal zum Balkensepp gemacht werden.
Aber müsste der Mann, den sie »Schweini« nennen, dann
auch wirklich wiederauferstehen?

Als sein Kollege Philipp Lahm die deutsche Fußball-
nationalmannschaft ins Finale schoss, titelte die *Leipziger
Volkszeitung*: »Lahms Last-Minute-Tor erlöst Deutschland«. – Mich nicht, hätte ich wahrheitsgemäß erwi-
dern können, aber ich bin ja auch nicht Deutschland, ich
wohne da nur. Das genügt anscheinend aber längst nicht
mehr. Man muss eben auch Deutschland sein, Deutschland leben, Deutschland wollen, sonst klappt es nicht
mit der Auferstehung und der Erlösung der Nation, deren Wiedererstarken medial mit militärisch anmutender
Vehemenz und Penetranz verlangt und behauptet wird.
Wenn es sonst nichts gibt, wird in der kleinsten Mün-
ze gezahlt; die billigste Währung, neben der Religion, ist
immer noch die Nation. Die sich selbstbewusst präsen-

tieren soll, beziehungsweise mit »neuem Selbstbewusstsein«.

Selbstbewusstsein ist etwas Erstrebenswertes: Wer über Selbstbewusstsein verfügt, ist sich seiner selbst bewusst, kennt sich also in seiner Charakteristik aus, mit allen Stärken und Schwächen, mit Unzulänglichkeiten, Sehnsüchten, Träumen, Wünschen, Projektionen. So ist das Wort richtig zu verstehen – angewendet wird es aber in einer in ihr Gegenteil gedrehten Bedeutung. Das Selbstbewusstsein, das in und für Deutschland gefordert wird, ist keines, sondern unreflektiert, dröhnend und übergriffig; die Vertreter dieses simulierten Selbstbewusstseins ballen permanent die Fäuste, reißen ihre Münder auf, zeigen die gefletschten Zähne und bringen andere Aggressionsrituale aus der Tierwelt zur Aufführung, vollgepumpt und vollgesogen mit dem motivationsesoterischen Dauerrepetitionsmantra »Ich will es! Ich kann es! Ich schaffe es!«

Dass nicht wenige Insassen eines Landes, in dem nicht einmal ein so einfaches und sich selbst erklärendes Wort wie Selbstbewusstsein richtig verstanden und gebraucht wird, nach religiöser und patriotischer Kompensation dürsten und schmachten, ist nur folgerichtig. Das brachial vor sich hergetragene deutsche Selbstbewusstsein, das sein Nichtvorhandensein kaschieren muss, bricht beim geringsten Anlass in sich zusammen – und mündet in ein aggressives Bedürfnis nach Auferstehung und Erlösung.

Der Welt der Dreijährigen jeden Alters entkamen wir anderntags erneut; diesmal rettete uns eine Schafherde am Ufer der Luppe. Hochmusikalisch – und das nicht nur im direkten Vergleich mit deutschnationalen Brülleimern – blöken diese Tiere; das ist keine Kakophonie, sondern wirkliche Orchestermusik. Wie bei den Menschen gibt es Vorblöker, Mitblöker, Nachblöker und Dazwischenblöker, aufdringliche Blöker, laute Blöker, leise Blöker und ganz zarte – aber alles verbindet sich zu schäfischer oder schafischer Sinfonie, und kein Schaf schwenkt jemals eine Fahne.

Faire rien statt Ferien

Das deutsche Wort Ferien, da war ich mir seit der ersten filterlosen *Gitane* in Südfrankreich sicher, kommt ursprünglich vom französischen *faire rien*. Woher denn auch sonst? Ich war sechzehn, sah aufs Mittelmeer und rauchte eine Zigarette, an deren Geschmack und Geruch ich mich jederzeit erinnern kann. Sie schmeckte nach faire rien: nichts tun außer am Leben sein, staunen und sich freuen; hin und wieder ins Wasser springen, eintauchen in die große schaukelnde Kühle des Meeres, in den Wellen herumdamelnd, irgendwann angenehm bibbernd zum Handtuch zurücklaufen, sich aufwärmen – und wieder schön eine rauchen, das Leben einsaugen in Gestalt einer schwarzen, starken Zigarette.

Vom Rauchen war ich allerdings niemals abhängig, diese Sucht suchte mich nicht heim. Den Jieper nach Ascheneimerodeur, den Filterzigaretten verbreiten, besonders die *Light*-Modelle, habe ich nie begriffen; die riechen und schmecken wie verbranntes Tempo-Tuch und lassen der Zunge einen schimmelartigen Müffelpelz wachsen. Jahrelang ließ ich das Rauchen ganz sein – der Atemweg ist das Ziel –, fand aber Rauchen an sich weiter gut, als Geste. Clint Eastwood zündet mit einem brennenden Zigarillo Zündschnüre an – Rauchen ist also auch nützlich. Als der öffentliche Gesundheitsterror zu immer größeren Wellen anschwoll, reinstallierte ich das Gefühls- und Gelegenheitsrauchen.

Inzwischen hatte ich mich über die etymologische Herkunft des Wortes Ferien aufklären lassen – es leitet sich von den lateinischen *feriae* ab, den Tagen religiöser Handlungen, an denen keine geschäftlichen Transaktionen getätigt wurden. Geschäfte mache ich nur wenige, ich arbeite lieber und brauche also auch keine Ferien von dem, was unsere Hamster und Frettchen *Business, Business* nennen. Ferien sind die religiöse Kehrseite des profanen Geschäfts; hier zeigt der erfolgreiche Abgreifermensch vor, was er alles gottgefällig zusammengerakt hat an Geld und Gut, und erhöht durch diese Ausstellung seiner Lebensart sein Ansehen, seinen Status.

Auch wenn die ursprüngliche Bedeutung eines Wortes verlorengegangen ist, hat sie dennoch weiter Strahlkraft und Macht. Schon den Vorbereitungen auf die Ferien haftet etwas Religiöses an. Auch die Angehörigen weniger geschäftstüchtiger Klassen stimmen sich auf ein Erweckungserlebnis ein. Das kleine Paradies zwischendurch ist die Fortsetzung der Hölle: Sonne, Strand und zeigefreudige Nachbarn, alles inklusive, Hoden, Möse, Vollpension.

Als Daheimbleibender finde ich das Verreisen der anderen sehr rücksichtsvoll. Höflichkeit ist zwar nicht ihr Motiv, aber sie sind fort, als wären sie nie da gewesen. Sie haben allerdings vor, wiederzukommen. Warum nur? Sie finden die Ferien doch so schön, und zu Hause tragen sie noch schlechtere Laune vor sich her.

Manche allerdings verbleiben an den Orten ihrer Wünsche. Seltsamerweise erfährt man sogar davon. Wenn Bergsteiger im Himalaya ihrem privaten Steckenpferd die Sporen geben und in dünner Luft durch hohe Berge steigen, ist das nicht von geringstem öffentlichen Interesse. Auch wenn sie final verschüttgehen am Ziel ihrer Träume und Sehnsüchte, geht mich das nichts an; ich muss nicht medial damit belästigt werden. Mit der gleichen Aufgeregtheit könnte man in den Rang einer Nachricht erheben, dass ein Urlauber an der Ostsee von einem Krebs in den kleinen Zeh gebissen wurde. Auch die Lüge, es handle sich dabei um eine Tragödie, möge man mir nicht auftischen. Tragödien in Freizeitkleidung gibt es nicht, sie kommen nicht vor.

Auch am Rauchen zu sterben, hat nichts Tragisches an sich. Wer ein Leben lang raucht, bereitet sich sorgfältig und bewusst auf den Tod vor, auf das große *faire rien*. Es ist Zeit, etwas schwarzen Tabak zu inhalieren. Junge, Junge, voll auf Lunge.

Widerstandskäfer

Doping für die Haare. Nur für die Haare.« Eine Reklamestimme raunt den sportiv anflanscherischen Werbetext, und – zack! – ist sie weggedrückt. Ich habe keine Hornhaut auf dem Trommelfell und beherrsche nicht die Kunst des Weghörens oder das gute, alte Hier-rein-da-raus. Und ein Shampoo, mit dem man sich solche Verbalsoße wieder aus dem Kopf waschen kann, ist auch nicht im Angebot.

Haarwaschmittel allerdings gibt es, aber welches soll ich nehmen zur Pflege meines Resthaars? Die Nachbarin muss das wissen, sie ist stets seidig und glänzend frisiert. Ich trage ihr meine Frage vor, sie lächelt, bittet mich zu warten, verschwindet in den Tiefen ihrer Wohnung und kehrt mit einer kleinen, hellgrünen Flasche zurück. »Hier, ausnahmsweise, weil du's bist. Bitte sparsam verwenden und wiederbringen. Das Zeug ist sündhaft teuer.« Ich nehme das Präparat an mich und begebe mich in mein Badezimmer. »Kérastase« steht auf der Flasche – was ist das? »Heilig halte die Ekstasen!«, empfahl Christian Morgenstern. Ob der Dichter auch schon »Kérastase« kannte? Oder ist das neu?

Unter dem Rätselwort »Kérastase« steht ein anderes. Das kenne ich: »Résistance«, Widerstand, und auch der Name der französischen Widerstandsbewegung. Soll ich mir die in die Haare schmieren? Oder wie ist das gedacht? Ist »Kérastase Résistance« ein Anti-Nazi-Shampoo?

Dass alle alten Franzosen Widerstandskämpfer waren, glaubte ich bis zu meiner ersten Reise nach Frankreich. Mit der Schule ging es auf Klassenfahrt nach Paris. Die Gruppe von durcheinanderschwatzenden Jugendlichen fiel wohl einem älteren Franzosen mit grauem Haar und grauem Schnauzbart auf. Der Mann begleitete uns ein Stück, blieb dann stehen, salutierte und sprach: »Vous êtes Allemands? Brávó! 'itläär! 'itläär! Les juifs! 'itläär! Brávó!«

Er hob den rechten Arm. Meine Mitschülerin Berthe Khayat funkelte ihn aus ihren grünen Augen an. Sie hatte einen französisch-ägyptischen Vater und eine deutsche Mutter, war bilingual aufgewachsen und verstand ihn ganz genau. Sie zischte ihn auf Französisch an, er solle verschwinden. Er stutzte, fluchte, drehte sich um und ging. Was der Kerl denn gesagt habe, wollten alle von ihr wissen. Sie sagte es uns: »Er hat uns dazu gratuliert, dass wir Deutsche sind. Und zu dem, was die Deutschen unter Hitler mit den Juden gemacht haben.«

Seitdem weiß ich, dass alle Franzosen Widerstandskämpfer waren, so wie Ernst Jünger ein Widerstandskäfer war. Je älter Jünger wurde, desto schlohweißer wurde sein Schopf. Auch als Siebzig längst verweht war und er die Hundert erreicht hatte, wirbelte sein Haar im Wilfinger Winde. Das weiße Haupthaar hat Jünger, wie seine edle Cäsarenrübe und sein Widerstandskämpferherz, mit Johannes Heesters gemein. Das alles kann nur mit »Kérastase Résistance« abgewaschen werden.

Der Schönheitsesser vom Bodensee

In der männlichen Definition ist Liebe der Zustand völliger Unzurechnungsfähigkeit. Der Liebende muss sich benehmen wie toll; seine relativ unmathematische Gleichung lautet: Je irrsinniger das Gebaren, desto größer die Liebe. Seine Anbetung muss der liebeskranke Mann auf der Zunge tragen und sie hinausrufen – aus seinem Herzen hinein in die Welt. Von Amors Pfeil getroffen, von Liebe ganz besoffen, singt er auf Straßen und Plätzen, unter Fenstern und Balkonen, sprüht die Botschaft an Häuserwände und Autobahnbrückenpfeiler oder pinselt sie in großen Lettern auf den Straßenasphalt.

Wer sich so etwas leisten kann, besitzt sogar oder mietet wenigstens einen Hubschrauber und wirft von diesem aus tausende Rosen über dem Schloss seiner Schönsten ab, auf dass sie ihn erhöre und ihn ihr nun aber gefälligst endlich beiwohnen lasse, denn ohne das Beiwohnen und Beiwohnenlassen hat das alles gar keinen Zweck, und Zweck muss aber schon sein. Die Liebe allein genügt dem Mann nicht; er muss auch mit ihr prahlen, muss mit dem Gefühl auf sich zeigen können: »Hier, ich! So viel Liebe! Das tue mir nach, wer kann! Kann aber keiner. Nur Ich! Ich!! Ich!!! Ha!!!!« Das mag alles furchtbar albern und anstrengend sein, selbstverliebt auch und eitel, doch verdankt die Welt dieser Spielart der Raserei einige der schönsten Werke der Dichtkunst, der Musik und der Malerei. Denn kommt der Herr nicht zum Zuge und muss der Willigkeit seiner Dame noch harren, dann heißt es:

> Sublimier, sublimier,
> Pinsel zur Leinwand, Stift ans Papier.

Doch auch an Orten, wo man sie überhaupt nicht erwartet, finden sich Dokumente jener männlichen Dichtung, die sich aus dem Nicht-ganz-dicht-Sein speist. Im *Bodensee Magazin*, in der Rubrik »Kulinarium / Spitzengastronomie / PR-Anzeigen«, wirbt ein Reiner Fischer nicht nur für sein Hotel-Restaurant »Villino« in Lindau, sondern auch um seine Frau Sonja Fischer, mit der er das Haus führt. »La cucina dei sensi – Die Küche der Sinne!« bietet er ihr und der Welt an, und damit man weiß, was es auf sich hat mit Sinn und Sinnlichkeit, gibt er in der Anzeige zu Protokoll: »Ich sehe, ich fühle, ich rieche, ich schmecke – ich esse die Schönheit meiner Frau.«

Na dann gesegneten Appetit, denkt der Leser, will weiterblättern und nachschauen, ob auch andere Küchenchefs die Pfanne heiß haben, hält aber doch inne und kommt ins Grübeln: Will die Frau das? Dass ihre Schönheit gegessen wird? Ist die denn anschließend nicht weg, die Schönheit? Ist Reiner Fischer ein Menschenfresser? Ein Kannibale? Das Wort beruht zwar auf einem Übertragungsfehler; Kolumbus landete in der Karibik und berichtete von Karribalen, die dann zu Kannibalen quasi kannibanalisiert wurden – doch wäre Kolumbus in Lindau am Bodensee gestrandet, er hätte einen veritablen Kannibalen vorgefunden: Reiner Fischer, der sich in der Anzeige im *Bodensee Magazin* mit dem Grinsen und der Bräune eines Sonnenbankiers und einer dicken Uhr am Handgelenk präsentiert, einer jener Kartoffeln, die unsere Männer von Welt gerne den Frauen zeigen, bevor sie dann über sie sagen: »Ich sehe, ich fühle, ich rieche, ich schmecke – ich esse die Schönheit meiner Frau.«

Was für ein Satz; bis »ich schmecke« komme ich ja sogar noch mit. Wenn ein Mann sein Musenwunder besingt, und sei es stammelnd, muss man eine gewisse Restgnade walten lassen. Aber essen? Schönheit essen? Das erinnert gemein an eine Reklame aus den 70er Jahren: »Schönheit kann man essen«, hieß es da zugunsten irgendwelcher Dragees. Frauen sind aber doch keine Pillen; manche zwar sind Schlaftabletten, aber die isst man dann nicht auf, es sei denn, man wäre lebensmüde.

»Ich sehe, ich fühle, ich rieche, ich schmecke – ich esse die Schönheit meiner Frau.« Je mehr man sich in dieses Mantra vertieft, desto schwummeriger wird der Satz und wird dem Leser. Wie meint der Mann das? Physisch? Metaphysisch? Oder gar nicht? Ist alles nur Lallbackentum, aus der Ochsenbacke geschnitten quasi? Und wenn schon alle Sinne aufgezählt werden – warum hat Reiner Fischer das Hören vergessen? Kann er die Schönheit seiner Frau, die er doch »sehen, fühlen, riechen, schmecken – und essen« kann, nicht auch hören? Woran liegt das? Und an wem?

Ich kenne Frau Fischer nicht und möchte ihr nichts unterstellen. Dass aber der Ehemann und Koch Reiner Fischer nicht alle Gurken im Glas hat, hat er selbst in ausreichender Menge dokumentiert, in einer PR-Anzeige. Das muss wohl Liebe sein.

Vom Fairgeben und Fairgeigen

Groß annonciert die Organisation »Brot für die Welt« auf den Plakatwänden des Landes, was sie »Gottes Spielregeln für eine gerechte Welt« nennt: »fairgeben – fairsorgen – fairteilen«, wobei die Vorsilbe immer englisch geschrieben ist, »fair«, auf Deutsch also: anständig, ehrlich, gerecht. Dass »Brot für die Welt« für eine gerechte Ordnung derselben eintritt, ist weder überraschend noch falsch noch unangenehm; dass dabei allerdings die Sprache beschädigt wird, scheint unnötig und damit übertrieben ungerecht.

Eine neue, eigene Erfindung ist das bemühte, angestrengte Wortspiel nicht. Bereits in den 90er Jahren dokumentierte das deutsche Bundesinnenministerium unter Manfred Kanther seinen demonstrativen Abscheu vor Rassismus mit der Parolenkaskade: »Annäherung statt Gewalt – FAIRSTÄNDNIS – Menschenwürde achten – Gegen Fremdenhass«. Die Idee, aus dem deutschen v-e-r ein englisches f-a-i-r zu machen, führt zu Fairstörung: Ist das jetzt ein Fairsehen, oder hat sich hier ein überambitionierter Werbetexter ganz schwer fairtan, fairgriffen und fairgaloppiert?

So wie es Fairsicherungsfairtreter und andere Fairkäufer gibt, kann man eben auch das Fairgeben, Fairsorgen, Fairteilen und das Fairständnis fairhökern. Was aber fairbirgt sich hinter der fairstiegenen Idee, man müsse seine Mitmenschen fairstehen, um sie nicht fairhungern zu lassen oder sie nicht fairtrimmen, fairhauen, fairmöbeln und fairkloppen zu wollen? Ist es nicht eher eine selbstfairständliche Faireinbarung, dass man sich besser nicht wechselseitig ins Fairderben stürzt?

Soll man Fairbrechen aller Art ab sofort fairbieten? Kann man so Fairfolgung fairhindern, Fairtreibung, Fairbrennung, Fairgewaltigung, Fairstümmelung, Fairrohung, Fairgessen? Wer Fairgebung, Fairsorgung, Fairteilung und Fairständnis sagt, fairbreitet fairbalen Unfairstand.

Was soll fair sein an Fairleumdung, Fairrat, Fairwüstung, Fairnichtung, Fairwesung? Fairquollen fairmittelte Welt- und Menschheits-Faireinigungs-Faireinsmeierei kann niemals die fairdienstvolle Fairbalinjurie ersetzen, den befreienden Fairriss der Fairhältnisse. Es fairgeht einem die Lust an der Fairwandlung einer fairmaledeiten Welt in eine weniger fairkommene, wenn man mit einer kopfmäßig fairbilligten, fairlogenen Fairsöhnung fairköstigt wird, die weltweit fairbreitet wird, von Faira Cruz über Fairdun bis nach Fairden an der Aller.

Manch einer fairzehrt sich nach Fairänderung der fairrottenden Welt; mit Hilfe rein sprachlicher Faireinbarungen aber lässt sich keine fairnünftige, fairbindliche Fairbesserung fairanlassen. Man fühlt sich doch eher fairhohnepiepelt, fairalbert, fairhöhnt, fairachtet und fairstoßen wie Fairdinant der Elefant, wenn Damen – oder Damenbinden – namens *Fairena* fairunglücktes Liedgut wie »Fairdamp lang her« hören und glauben, ausgerechnet das trüge zur Fairschönerung der Welt bei und nicht zu ihrer Fairelendung.

Die fairbissene Werbe-, nein: Fairbekampagne »Fairgeben, fairsorgen, fairteilen« mündet, wie schon ihr Fairständnis-Vorläufer, geradewegs in Fairwirrung und ist ungefähr so intelligent wie »Fairy Ultra«-Reklame im Fairnsehn (und das steht auf dem Fairtiko). Wenn man seine Sache schon unbedingt fairsieben, fairsemmeln und fairgurken will, dann bitte mit Fairve und in Fairsen:

Fairblödung, g'rad' in Seinem Namen,
Fairgibt der liebe Gott nicht. Amen.

Wert und Wertigkeit

Die Werbung für das neue Modell des VW Golf trug dick auf im Herbst 2008: »Die menschlichen Sinne sind wahre Wunderwerke. Sie lassen uns die Güte von Materialien sehen, riechen, hören und fühlen.« Nur von schmecken war nicht die Rede – lecken die Jungs ihre Karren nicht mehr ab? Gibt es denn nicht mal mehr bei der Gaspedalsorte Mensch noch richtige Kerle? Auto kommt doch schließlich von Autismus. Und der neue Golf, immerhin, kommt zur rechten Zeit. Deutschland liegt, einverstanden mit Ruinen, in Trümmern und gebärdet sich panisch. Da ist es gut, wenn Tradition und Verlässlichkeit sich zurückmelden.

Wie sind die Deutschen doch so enttäuscht worden! Notorische Versager und Kriminelle haben als Versager und Kriminelle gehandelt, wenn auch großtuerisch und ganz legal in der Bank und an der Börse. Die Überraschung und Verblüffung über diese Selbstverstandlichkeit war groß; das sagt viel über den Verstandeszustand der Überraschten und Verblüfften. Die Gefühlsmelange mündete direkt ins religiöse Fach: Nicht von Unfähigkeit war die Rede, nicht von kriminellen Strukturen und Personen, sondern biblisch von »Gier« und, im Umkehrschluss, von

»Vertrauen«. Das ganze Land saß im Religionsunterricht in der siebten Klasse, und da sitzt es noch. Nicht minder abstoßend als kriminelle Banker und ihre Machenschaften sind allerdings Kabarettisten, die ihre vorhersehbare Gratismoral absondern und daraus bonitätsgewinnlerisch Kapital schlagen. Kann man die nicht rund um die Uhr mit den Bankern zusammenketten, auf dass sie einander wechselseitig die verdiente Strafe sind?

Spärliche Ressourcen von Restverstand, soweit vorhanden, werden bei Anne Will zerschrotet; alles faltet die Hände und möchte nur noch das Gute. Werte müssen her, innere Werte, denn die äußeren können einem ja, wie man mit Empörung feststellen musste, gestohlen werden! Empör, empör, empör – Brüder, zum Lichte empör! Dass einem die inneren Werte gestohlen bleiben können, weil sie als Ersatz- und Gratiswährung aufgetischt werden, wenn die Geschäfte nicht mehr laufen, ist vergessen. Der Mensch braucht etwas, woran er sich klammern kann, und wenn kein Stück Holz da ist, nimmt er die inneren Werte und fängt an, mit ihnen zu kuscheln.

In diese Religionsparklücke rollte der neue Golf. Nicht nur von Werten sprach die VW-Reklame – sondern sogar von »Wertigkeit«. Was ist das, Wertigkeit? Der Wert zur Weltanschauung potenziert, also Wert hoch zwei? Man weiß es nicht, aber die Wertigkeit, die man beim neuen Golf erfahren und laut Eigenwerbung sogar »neu erleben« kann, muss etwas Gutes sein, etwas nachgerade Spirituelles und vor allem: endlich wieder etwas Verlässliches.

Dass Verlässliches sich rückstandslos auf Hässliches reimt, wusste schon Robert Gernhardt. Den Deutschen aber ist Schönheit wumpe – Hauptsache etwas, das Ehrlichkeit suggeriert und simuliert, denn nicht mehr und nicht länger betrogen will er sein, der arme Deutsche, schluchzbuhu. Da kommt der Golf, dieses Bekenntnis zum Wahn des Mittelmäßigen, gerade recht.

»Generation Golf«, das Manifest des bekennenden Spießertums, trägt Früchte. Die Deutschen möchten wieder mittelgroße Brötchen backen – und sich in ihnen durch die Gegend kutschieren. Der Volkswagen, der 2008 offiziell erst seinen 60. Geburtstag erlebte, begeistert und rettet die Deutschen aber schon länger: Seit den 30er Jahren rollt und rollt und rollt das Kraft-durch-Freude-Mobil, und heute ist es sein Nachfolger, der Zuversicht verbreiten soll, Zuversicht durch Wertigkeit, diese Verneinung jedweder Schönheit. Pragmatismus ist die Wurzel aller Hässlichkeit. Man kann das aber auch treffend in vier Buchstaben sagen: Opel.

Weltspartag

Weltspartag – das Wort weckt Erinnerungen: Durch einen stürmischen Herbsttag lief ich, eine kleine blaue, weiß befußte Weltkugel aus Plastik in den Händen, zur Filiale der Volksbank, wo die Sparbüchse eben nicht roh geschlachtet, sondern behutsam geöffnet wurde. Ihr Inhalt, viele Münzen und auch ein paar sorgfältig gekniffte Scheine, wurde vom Angestellten der Bank vor meinen Augen ausgebreitet, gezählt und, zur Sicherheit und als vertrauensbildende Maßnahme dem kindlichen Kunden gegenüber, noch einmal nachgezählt. Dann wurde der Betrag gutgeschrieben und, samt den Zinsen des Sparjahres, ins Sparbuch eingetragen, das ich, reich und glücklich, nach Hause trug und dort stolz vorzeigte.

So süß und putzig war Geld einmal. Nichts hinterhältig Tricksendes, Wucherndes, Betrügerisches war daran. Geld war harmlos. Begriffe wie Kohle, Asche oder Knete kannte ich noch gar nicht, und das Gesparte war auch nicht »sauer erspart«, wie es in Protestantendeutsch heißt, sondern bestand aus Abzweigungen vom elterlichen Taschengeld und aus Zuwendungen von Verwandten, die zum Geburtstag, zu Ostern und zu Weihnachten erfolgten. Nur zu

Pfingsten gab es nichts; es galt der Satz: Pfingsten sind die Geschenke am geringsten.

Auch zwischendurch bekam man mal etwas zugesteckt oder verdiente sich etwas dazu, als Autowäscher und als Gehilfe bei der Gartenarbeit. Die Mahnung »Aber nicht gleich alles verschlickern« wurde meist sogar befolgt; nur ein kleinerer Teil der Barschaft wurde in Süßigkeiten angelegt, der Hauptanteil aber wanderte in die Spardose. Auf der Bank wurde man gut und höflich behandelt, und die Zinsen verdienten ihren Namen. Es war das Jahr 1968, ich war sieben Jahre alt. Die Zukunft sah nicht schlecht aus.

Exakt 40 Jahre später betrat ich eine Filiale der Sparkasse. Alle Angestellten trugen rote T-Shirts mit dem weißen Aufdruck »Retter der Besteuerten«. Da hatte offenbar eine gehirnwaschende Motivationssitzung stattgefunden – die unfreiwillige Komik war den Euphemismushemdträgerinnen und -trägern jedenfalls sichtlich nicht bewusst. Für eine Bareinzahlung auf mein Konto sollte eine Gebühr von zehn Euro erhoben werden. Ich weigerte mich, diese organisierte Abknapserei zu alimentieren, nahm mein Geld wieder mit nach Hause und riet den Gebührengangstern freundlich, Besteuerte ab sofort doch bitte auf Bescheuerte zu reimen.

Die Geldinstitute, die heute den Weltspartag ausrufen und gezielt Kinder anlocken, berechnen diesen Kindern eine Gebühr fürs Geldzählen. Sie schämen sich tatsächlich nicht, Kinder zu bestehlen. Und sie, mit diesem Beispiel, zu Gaunern und Ganoven zu erziehen. Der Verlust der Hemmungen führt geradewegs in den Irrsinn – also in jenen Zustand, in dem sich die Öffentlichkeit befindet.

Dass früher alles besser gewesen wäre, möchte ich nicht behaupten; das klingt so ranzig. Es ist auch genau umgekehrt: Nicht: Früher war alles besser, sondern: Heute ist alles schäbiger. Wer im Hotel logiert, wird nicht als Gast – also wie ein König – behandelt, sondern scharf ins Auge gefasst und in polizeilichem Ton um einen Kreditkartenabzug angegangen. In den Geldinstituten gelten dieselben miesen Spielregeln; man wird behandelt wie ein Krimineller, wie ein Dieb oder ein Betrüger. Es ist die reine Umkehrprojektion: Weil gewisse Hoteliers und Banker ihre Kunden ausplündern, betrügen und bestehlen, schieben sie ihnen jede böse Absicht prophylaktisch in die Schuhe.

Weltspartag war etwas für Kinder. In der Psychoanalyse ist Geld ein Synonym für Exkremente. Wenn man die anale Phase des Sparens durchlaufen und abgeschlossen hat, beginnt das fröhliche und altruistische Verjubeln. Manche aber bleiben in der Sparphase hängen und kleben am Geld respektive an dem, was es symbolisiert. Sie bekommen davon einen sauren Sparschlitzmund, einen geizigen Gang und einen grapschigen Blick und halten sich für sehr schlau.

Dabei ist Verjubeln viel vernünftiger. Bevor ich für die Begehrlichkeiten anderer, ihre Unfähigkeit und ihre Betrügereien zur Kasse gebeten werde, haue ich das Geld doch lieber auf den Kopf. Und mit einem möge man mich bitte verschonen: Mit dem unwürdigen Verlust-Gejammer von Leuten, die mit ihrem Geld spekulieren oder spekulieren lassen. Egal, ob der Betrag klein oder groß ist: Wer an die Börse geht, weiß, dass er spielt. Je höher der angestrebte Gewinn, desto größer das Risiko. Wer verliert, soll das mit Haltung tragen. Das Geheule und Geflenne der Kundschaft ist nicht minder unerträglich als das Gebaren derer, denen sie ihr Geld zum Spekulieren, also zum Gewinn auf anderer Leute Kosten, anvertraut haben. Wer zu phantasiearm ist, sein Geld in Freuden zu verprassen, der muss es eben auf die schäbige Art verlieren. Das ist gut so, denn weg muss es.

Rat und Unrat, Wort und Sinn

Jedes Jahr im Januar wird eine der hässlichsten Wortschöpfungen deutscher Zunge auf den Markt gefeuert: das »Unwort des Jahres«. Der Erfinder dieses Wortgetüms, Horst Dieter Schlosser, hängt dem Glauben an, dass man Unrat am besten dadurch zurückdränge, indem man ihn in einen möglichst großen Ventilator werfe. Dass er selber anschließend reichlich besprenkelt dasteht und schlecht riecht, fällt ihm nicht auf oder stört ihn nicht; Hauptsache, er hat seinen Auftritt als Unhold des Jahres.

Für 2008 hat der Frankfurter Sprachnachtwächter die Formulierung »notleidende Banken« als besonders verwerflich ausauguriert. Die Formulierung stelle das Verhältnis von Ursachen und Folgen der Weltwirtschaftskrise auf den Kopf, heißt es in der drolligen Begründung: »Während die Volkswirtschaften in ärgste Bedrängnis geraten und die Steuerzahler Milliardenkredite mittragen müssen, werden die Banken mit ihrer Finanzpolitik, durch die die Krise verursacht wurde, zu Opfern stilisiert.« Was soll man dazu sagen außer: Heul doch!

Simulation hat viele Gesichter; das turnusmäßige Mahnen und Warnen zählt zu den unangenehmsten davon. Mit schlecht gespielter Naivität bemängelt Schlosser, dass die wirtschaftliche und politische Geschäftsordnung auch in einer ihr adäquaten Sprache abgefasst ist. Für die sensationell umwerfende Erkenntnis, dass PR-Sprachregelungen nicht der Wahrheitsfindung dienen, wird er dereinst das Bundesverdienstbambi bekommen, falls er es nicht schon hat.

Wenn ein deutscher Polizist jemanden erschießt, stirbt dieser seit vielen Jahren am »finalen Rettungsschuss«. So ist es geregelt, und es finden sich immer sogenannte »Medienpartner«, die das, in ihren eigenen Worten formuliert, dann »positiv kommunizieren«. Die sprachliche Bemäntelung ist allerdings fadenscheinig genug, um nützlich zu sein; die Verschleierungsversuche gehen nach hinten los und erzielen, wenn auch unbeabsichtigt, eher augenöffnende Wirkung.

Horst Dieter Schlosser aber gibt den Gesamtschullehrer mit Hang zum Kabarett und rügt das offensichtlich Dummdreiste in der Pose eines Aufklärers. Schweinchen Schlau rennt weit offene Türen ein und ist ganz stolz darauf.

Auf dem zweiten Platz der Schlimm-Schlimm-Liste landete der Roman Herzog zugeschriebene Begriff »Rentnerdemokratie«; Herzog, hieß es, habe so das Schreckbild eines Staates gemalt, in dem die Alten die Jungen ausplünderten. Dabei ist es umgekehrt: Eine Frührentnerdemokratie, in der verdiente Alte wie ich berufsjugendliche Nichtsnutze jeden Alters alimentieren, ist doch weit fragwürdiger.

Der deutsche Fruchtzwerg
sorgt sich sehr

The German Angst hat viele Gesichter; eins davon ist die Angst vor sprachlicher und kultureller Fremdbestimmung. Die Furcht davor, nicht länger autochthon im eigenen Saft schmoren vulgo autistisch eigenmiefelnd vor sich hin rotten zu können, hat in Deutschland eine lange Tradition. Bereits am 24. August 1617 wurde in Weimar die »Fruchtbringende Gesellschaft« gegründet. Ihr Ziel war es, »unsre edle Muttersprache, welche durch fremdes Wortgepränge wässerig und versalzen worden, hinwieder in ihre uralte gewöhnliche und angeborne deutsche Reinigkeit und Zierde einzuführen, einträchtig fortzusetzen und von dem fremd drückenden Sprachenjoch zu befreien«. Mit diesem Joch waren der Einfluss Frankreichs und der französischen Sprache gemeint.

Der stark puritanisch und patriotisch geprägte Verein versank zwar bald in Bedeutungslosigkeit und verschied – wurde nach langer Lagerzeit aber reanimiert. Der deutsche Fruchtzwerg sorgt sich noch immer sehr. Am 18. Januar 2007 formierte sich im sachsen-anhaltinischen Köthen die »Neue Fruchtbringende Gesellschaft«, verabschiedete eine »Köthener Erklärung«, rief den »deutschen Sprachtag« aus und lud den Bräsigdichter Reiner Kunze zur Laudatio, der auch prompt das bestellte Trötlamento über den Verfall der Sprache anstimmte. Zweierlei aber unterscheidet die neue »Fruchtbringende Gesellschaft« von der alten: Die heutige ist nicht mehr frankophob orientiert, sondern kämpft gegen die Übermacht der anglo-amerikanischen Sprachverbände. Und es dürfen jetzt Frauen mitmachen; Vorsitzende der »Neuen Fruchtbringenden Gesellschaft« ist Prof. Dr. Uta Seewald-Heeg.

Frau sein alleine macht noch nicht schlau. Auf dem zweiten Sprachtag, den die praktizierende Computerlinguistin Uta Seewald-Heeg auf Schloss Köthen präsentierte, sehnte man sich rückwärtsgewandt nach einer Sprach- und Weltordnung, die unwiederbringlich und mit allem Recht perdu ist. Vorträge mit Titeln wie »Denglisch – Von den Symptomen sprachlicher Infektion« oder »Sprachverderbnis – Eine Quelle der Heiterkeit?« offenbaren gleichermaßen das deutsche Zähneklappern vor angeblich drohender »Überfremdung« wie den zähnezeigenden »Deutsche, wehrt euch!«-Reflex. Unsouverän humorfrei und zuverlässig pampig denunziert der deutsche Studienrat jede potentielle Erweiterung seines akkurat und penibel begrenzten Horizonts als »Infektion« und »Verderbnis«, als Krankheit zum Tode.

Der philologische Hang zu Verbissenheit und Kleinlichkeit lappt, wie alles Kleingeistige, ins Größenwahnsinnige. Die deutsche Sprache soll mit einer »Vision für die ›Stadt der deutschen Sprache‹« gerettet werden, mit einem »Zungenballett« aus dem Hamburger »Haus der

Zukunft« oder durch die Aktion »Sprechsport macht Schule, mit praktischen Beispielen von Zungenbrechern aus der Sprechsportmeisterschaft für norddeutsche Schulen«. Der zweitägige Auftrieb deutscher Sprachkleingärtner auf Schloss Köthen endete in einer »Gelegenheit zur Besichtigung der Fürstengruft«. Warum wurde diese nicht von allen Beteiligten genutzt, für immer? Sie wären beim Rechthaben für den Rest ihrer Tage ungestört unter sich. Ich hätte ihnen von draußen unter der verschlossenen Tür einen Kassiber durchgeschoben: Recht haben oder ein Rechthaber sein, dazwischen liegt ein Unterschied wie von Tag und Umnachtung. Und mich bedankt, für die gespendete Freude und Inspiration.

Wenn Sprachschützer heldenhaft den verlorenen Posten einnehmen, hat das viel unbeabsichtigte Komik und regt die Phantasie an: Wie muss man beschaffen sein, um sich als Heimataktivist der »Aktion Deutsche Sprache« anzuschließen? Rrrollt man das Rrr? Hebt man den rrrechten Arrrm? Skandiert man auf Montagsdemos »Mit dem Duden in derrr Hand / gegen Juden hierrr im Land«? Welche Vorlieben kultiviert der »Sprach-Rettungsklub Bautzen«? Werden alle Anglizismen eingesperrt? Mit Bautz'ner Senf bestrichen und gequält? Wie geht es zu im »Verein für Sprachpflege«? Verabreicht Schwester Gertrud jedem die Todesspritze, der statt »Ich erinnere mich daran« behauptet: »Ich erinnere es«? Was vollzieht sich im »Arbeitskreis Deutsche Sprache in der Chirurgie«? Gehen die Mitglieder mit blankem Skalpell auf englische Wörter und US-amerikanische Kollegen los?

Oder stimmt, was mein alter Freund Zacharias Zweizeiler mir flüsterte?

Deutsche Schäferköter, ohne Klöten,
Jaulen ärmlich, laut und fies, in Köthen.

Du sollst nicht köthen!

Am 13. September 2008 wurde in Köthen wieder deutsch gekläfft. Der »Tag der deutschen Sprache« wurde begangen und auch das erste »Haus der deutschen Sprache« eingeweiht; in der anhaltinischen Kleinstadt bekamen Sprachpfleger die Schlüssel für die Räume in die Hand gedrückt, in denen zunächst eine Geschäftsstelle, eine Bibliothek und ein Archiv aufgebaut werden sollen. Geschäftsstelle ist ganz wichtig; die Fördermittel wollen schließlich verwaltet sein.

Vertreter der Stadt Köthen, der »Theo-Münch-Stiftung für die deutsche Sprache« und der »Neuen Fruchtbringenden Gesellschaft« erklärten, mit Hilfe des Hauses »das Bewusstsein für die Schönheit und den Wert der deutschen Sprache stärken« zu wollen. Es solle »Wissen über die Sprache vermitteln und den Einzelnen dazu ermuntern, die Muttersprache zu pflegen und weiterzuentwickeln«. Benannt ist das deutsche Haus nach Fürst Ludwig von Anhalt-Köthen (1579–1650), der 1617 die erste »Fruchtbringende Gesellschaft« gründete.

Das »Haus der deutschen Sprache« soll »als Dach für Sprachfreunde und Sprachvereine« dienen – als Wärmestube für obskure, unfreiwillig ulkige und rückwärtsgewandte Vereinsmeier mit Überfremdungsangstneurose. »Mit diesem Haus besteht die einzigartige Möglichkeit, der bedrängten deutschen Sprache einen Ort der Kräftigung zu geben«, erklärte Thomas Paulwitz, Vorstandsmitglied der neuen Fruchtbringenden Gesellschaft und Chefredakteur der *Deutschen Sprachwelt* – der sich selbst aber nicht Chefredakteur nennt, sondern »Schriftleiter«. So heißt das in dem guten Deutsch, das zwischen 1933 und 1945 schutzverordnet, geschrieben und gesprochen wurde, jedenfalls von Nationalsozialisten und ihren Mitmachern.

Wo »die deutsche Sprache bedrängt« ist, fühlen sich auch immer Deutsche »bedroht« und müssen sich folgerichtig »wehren«. »Seit Mitte der 90er Jahre rollt eine angloamerikanische Welle ungeheuren Ausmaßes über unsere Muttersprache hinweg«, behauptet ein Dr. Albrecht Balzer vom »Sprach-Rettungsklub Bautzen«. Die »angloamerikanische Welle ungeheuren Ausmaßes« gab es wörtlich schon einmal; Dr. Joseph Goebbels flutete sie im Volksempfänger. Damals ging es um feindliche Bomberverbände, heute um volksfeindliche Wörter, die aber nicht minder gefährlich sind, nicht für deutsche Fruchtvorgartenzwerge jedenfalls. Wer von einer »angloamerikanischen Welle ungeheuren Ausmaßes« spricht, bedient sich nationalsozialistischer Propagandatermini entweder mit Absicht, oder er hat keine Ahnung davon, was er da sagt. In beiden Fällen ließe er besser die Pranken von der Sprache und schlösse den bewusstlosen Restkopf.

Für Berufsdeutsche, die ihre Nationalambitionen stets

mit der Berufung auf die »Tradition« zu untermauern suchen, hier ein Wort von Gustav Mahler – falls sie es denn
verstehen können: »Tradition ist die Weitergabe des Feu-
ers, nicht die Anbetung der Asche.«

Einiges über die Herdprämie

Der deutsche Brauch, in jedem Januar ein »Unwort des Jahres« zu bestimmen und es damit erst richtig unter die Leute zu bringen, wirkt befremdlich. Wer keine Arbeit hat, macht sich welche; so sucht die Jury um den Frankfurter Sprachwissenschaftler Horst Dieter Schlosser jedes Jahr eine besonders negative Vokabel, um sie als »sprachliche Entgleisung« geißeln zu können. Zum »Unwort des Jahres 2007« wurde das Wort »Herdprämie« gekürt; in der Begründung heißt es, der Ausdruck diffamiere Eltern, vor allem Frauen, die ihre Kinder zu Hause erziehen, statt einen Krippenplatz in Anspruch zu nehmen.

Ist das Wort »Herdprämie« tatsächlich diskreditierend? Als der deutsche Staat beschloss, den Geschlechtsverkehr seiner Bürger, der ihn doch nicht das Geringste angeht, zu alimentieren und zu subventionieren und also Kindergeld auszuzahlte, sprach der Schriftsteller Arno Schmidt nur höhnisch von einer »Bockprämie«. Die Unwort-Jury hätte das mit Sicherheit als diffamierend eingestuft; es ist aber nur klar und deutlich.

Dass Frauen, die sich um ihre Kinder kümmern und deshalb nicht aushäusig arbeiten gehen, von gewissen Dummköpfinnen und Dummköpfen belächelt und von oben herab betrachtet werden, ist wahr; dabei halten sich die Hochnasen, wie es die Art der Beschränkten ist, für ganz schlau und vor allem für etwas Besseres. Eine Gesellschaft, die Frauen verächtlich macht, weil sie sich weigern, ihre Kinder zu vernachlässigen, ist krank. Es gehört jedoch nicht zu den Rechten des Staates, durch Geldzahlungen auf das Privatleben seiner Bürger Einfluss nehmen zu wollen.

Wer das Wort »Herdprämie« zum Unwort erklärt, sieht das genau andersherum; er visioniert sich unmündige Bürger herbei, die sich vom Staat aushalten lassen, ohne dass die Sprache diesen Sachverhalt auch eindeutig benennt. Wer die Tatsache, dass der Staat eben Bock- und Zuchtprämien zahlt, lieber verschweigen möchte, drischt auf das Wort ein, das diese Tatsache dingfest macht. »Herdprämie« ist sicher nicht das schönste deutsche Hauptwort, aber immerhin lügt es nicht. Wäre es der »Unwort«-Jury lieber, wenn Menschen mit sprachlicher Schönfärberei betuttelt und bekochlöffelt werden?

Nicht in jedem Fall; dass Euphemismen wie »Endlösung« oder »Sonderbehandlung«, also Worte, die Massenmord sprachlich neutralisieren sollten, inzwischen von vielen Deutschen »für alles Mögliche verwendet werden«, moniert die Jury zu Recht. Aber auch hier ist die Sprache nur Ausdruck einer gesellschaftlichen, politischen Tendenz. Nationalsozialistisches Propagandavokabular ist vielen Deutschen nicht mehr unangenehm oder peinlich; sie haben, wie sie es selbst so unnachahmlich formulieren können, »ihre Vergangenheit angenommen« und »stehen zu ihrer Geschichte«. So kann man das auch nennen, wenn man in aggressiver Ignoranz die Wahrheit nicht wissen will und ihr jede fromme oder dreiste Lüge vorzieht.

Zurück zur »Herdprämie«: Wenn Frauen und Männer, die Kinder haben wollen, persönlich dafür Sorge tragen, dass es diesen Kindern wohl ergeht, ist das gut und richtig. Am klügsten und am frauenfreundlichsten ist das im orientalischen Harem geregelt; die Frauen können sich gegenseitig unterstützen, und der Mann muss, finanziell wie sexuell, sehr tüchtig sein. Da die Frauen sich untereinander alles erzählen, kann der Mann es sich nicht leisten, öde, gemein oder geizig zu sein. Im degenerierten Deutschland zieht man es vor, Männer und Frauen in den Zweierknast zu schicken, in die Höllen der Einliegerwohnungen, der Eigenheime und der Mietskasernen; zum Ausgleich dürfen sie dann höchst würdefern die Hand aufhalten und vom Staat Almosen zur Kinderaufzucht entgegennehmen.

Als Mitherausgeber der Zeitschrift »Häuptling Eigener Herd« lehne ich die Herdprämie als solche ab, nicht aber das Wort, das die Tatsache kenntlich macht. Es gibt allerdings eine Ausnahme: Wenn ich kochend am Herd stehe, beide Hände voll zu tun habe, entsprechend wehrlos bin und meine Liebste das ausnutzt, mich in den Nacken küsst oder mir herzhaft an den Hintern fasst, dann ist das eine sehr willkommene Herdprämie.

Korrektoritis

Mitte Juni 2008 meldete die Nachrichtenagentur dpa, dass 65 Prozent der Deutschen sich um ihre Muttersprache sorgen. Eine Umfrage im Auftrag des deutschen Sprachrats und der Gesellschaft für deutsche Sprache ergab: Zwei Drittel der Landsleute sind der Ansicht, die deutsche Sprache drohe »mehr und mehr zu verkommen«. Man kann das als ein gutes Zeichen deuten: Es ist den Leuten nicht egal, wie und was sie und andere sprechen. Da der Mensch gemeinhin aber zweierlei Maß kennt – eins für sich und eins für die anderen –, darf man vermuten, dass hier vor allem die Tendenz sichtbar wird, Fehler auf der eigenen Zunge großzügig zu überhören, die Fehlleistungen Fremder aber streng zu missbilligen.

Wer auf die Fehler anderer fixiert ist, bekommt leicht etwas Verbissenes, Paranoides. Der Essener Zeichner Jamiri hat das in einem autobiographischen Comic überzeugend erzählt. Er sitzt am Computer, bekommt Elektropost und stöhnt gequält auf: »Aaahrgh! Keine E-mail mehr, die nicht nur so vor Fehlern strotzt. Ich ertrage es kaum. Es muss ›wegen dessen‹ heißen, nicht ›wegen dem‹!« Seine Frau Beate, die sich lässig in einen Liegestuhl gefläzt hat und liest, wirft ein: »›Wegen dem‹ darf man jetzt sogar laut Duden, glaube ich.« Was Jamiris ungute Stimmung noch verstärkt: »Toll! Machen es nur alle lange genug falsch, wird es irgendwann auch noch richtig! Aaahrgh!« Beate konstatiert: »Diese Korrigiererei ist doch zwanghaft bei dir! Du veränderst dich dann auch immer so komisch …«

Als Jamiri das rundheraus abstreitet, provoziert sie ihn mit absichtlichen Fehlern: »Camenbert. Amalgan. Kardamon.« Jamiri wird grün vor Wut und tobt los, als wäre er Arnold Schwarzenegger in »Korrektor III – Jetzt berichtigt er ALLES«: »Uaarhh! Camembert! Amalgam! Kardamom!«, teufelt er auf die Welt ein und legt sie in Schutt und Asche, während seine Frau ihm nachruft: »Mach dich nicht so schmutzig! Und wenn es dunkel wird, bist du zurück!« So souverän lässt sich der deutsche Richtigkeitsfuror auskontern – zumindest im Comic.

Von der Krankheit namens Zwangskorrektoritis befallen sind vor allem Lehrer, die zwar selbstverständlich auch nicht alles wissen, aber manches wenigstens besser als andere, das ist ihr ganzer Stolz. Zwar gibt es richtig und falsch, man kann das auch benennen, und wie im Jazz gilt auch in der Sprache gemeinhin: Nur wer die Regeln kennt, kann sie auf fruchtbare Weise brechen. Auftrumpfendes Rechthaben aber ist unerquicklich; es unterstellt zudem, alle anderen seien zu ungebildet, zu dumm oder zu stumpf, um die Verletzungen zu bemerken, die der Sprache in einem fort zugefügt werden.

Doch nicht jeder, der Unsinn bemerkt, schreit auch gleich auf. Er hört in den Nachrichten die Formulierung

»der teilweise Wiederaufbau«, stutzt und nimmt den falschen adjektivischen Gebrauch von »teilweise« zur Kenntnis, heult aber nicht gleich los über den Untergang des Abendlandes. »Es gibt wenig Verständnis darüber«, spricht es weiter aus dem Kulturradio – nein, es gibt ein Verständnis von und eine Verständigung über etwas, aber kein »Verständnis darüber«, das gibt es nur im Feuilleton, wo die sprachliche Insuffizienz auch Rückschlüsse auf die geistige zulässt. Verdrossen oder kulturpessimistisch muss man deshalb nicht werden; man kann das auch als Test betrachten: Merkt da draußen noch irgendjemand etwas? Oder sitzen die ALLE tot vor dem Fernseher?

Wer Unfug als solchen erkennt, hat ihn bereits dingfest gemacht und muss sich nicht benehmen, als gäbe es eine Meldepflicht für schlechte Laune. Schließlich gilt auch auf dem Feld der Sprache die alte Maxime: Die Lage ist hoffnungslos, aber nicht ernst.

Zum Bleistift
Abfallsaft aus Schläfrig-Holzbein

Schlechte Verbindung hier im Zug«, sagte eine Männerstimme. Sie kam von schräg über den Gang, der dazu gehörende Mensch war für mich unsichtbar, aber laut vernehmlich. Die Stimme sprach weiter. »Ich komme gerade aus Schläfrig-Holzbein und …« Der Satz brach ab, offenbar war der Zug in eine mobilnetzfreie Zone geraten.

Die Stimme unternahm einen zweiten Anlauf. »Ich komme gerade aus Schläfrig-Holzbein …« Wieder war Schluss, das Spiel ging noch eine ganze Weile genau so weiter, und am Ende hatte ich den Kalauer ungefähr zehnmal gehört: Schläfrig-Holzbein statt Schleswig-Holstein. Man kann das mit viel gutem Willen ein oder zwei Mal komisch finden, dann aber nie wieder. Die Stimme ohne Mann dran empfand das offenbar anders.

Ich hatte vorsichtshalber die Augen geschlossen; es besteht ja die minimale physikalische Chance, dass Gelaber auch über die Augen in den menschlichen Kopf eindringen kann. Zumindest bei Lippenlesern ist das so, woraus sich die hohe Selbstmordquote bei Angehörigen dieses Berufszweigs erklärt. Irgendwann stieg Herr Schläfrig-Holzbein aus, von meinem Segen begleitet. Doch hinterließ er eine böse Saat – ich erinnerte mich wieder aller zwang-

haft kalauernden Menschen, denen ich in die Hände gefallen war.

In der kleinen Firma, in der ich im 13. Schuljahr an
den freien Nachmittagen arbeitete, gab es einen Vor-
arbeiter, der groß und freundlich war und auch immer beide Augen zudrückte, wenn ich aus der Schule zu spät zur Arbeit kam. Ich mochte ihn leiden – und
fürchtete ihn zugleich. Mehrmals am Nachmittag trank
er ein Glas Apfelsaft und kommentierte das jedes Mal
mit den Worten: »Es geht doch nichts über Abfallsaft.«
Dann lachte er und sagte noch einmal »Abfallsaft, ha-
haha.« Ein Jahr lang hörte ich das, drei Nachmittage
pro Woche. Ich gewöhnte mich nicht daran, im Gegenteil: Die Ohrenhaut wurde immer dünner, die Empfind-
lichkeit steigerte sich zur Idiosynkrasie. Es dauerte Jahre, bis ich wieder Apfelsaft trinken konnte, ohne dass mir
die Angst vor dem Kalauer als Schweiß aus den Poren
trat.

Eine neue Mitschülerin hatte mein Interesse geweckt;
ich kannte sie nicht näher, aber ihr Äußeres versprach viel
von dem, was ich ersehnte. Es gelang mir, mich mit ihr zu
verabreden; Rendezvous sagten wir damals noch nicht zu
einem Treffen. Wir waren beide nervös, und sie sagte in jedem zweiten Satz »zum Bleistift« statt zum Beispiel, nach
einer halben Stunde war ich fix und fertig, hörte nur noch
»zum Bleistift« und wollte nichts als weg sein. Selbst ihr
Aussehen hatte in meinen Augen entsetzlich gelitten. Viel
hatte ich schon über erogene Zonen gehört und gelesen.
Die Trommelfelle und die im Kopf noch weiter innen lie-

genden Regionen wurden dabei niemals erwähnt. Es sind aber die empfindlichsten.

Ein frischer Fahrgast stieg zu und setzte sich auf einen Platz in Reichweite meines Gehörs. Er packte seinen Computer aus und griff zum Telefon. »Ja, ist gut«, hörte ich ihn sagen. »Da muss ich mal in meinem Schlepptop nachsehen.« Auch dieser Witz war mit eingebauter Wiederholungstaste in die Welt gekommen. Laptop ist kein schönes Wort, und die wörtliche Übersetzung – Schoßgipfel oder Schoßoberfläche – verbietet sich ganz, aber Schlepptop? Immer und immer wieder Schlepptop?

Ich wollte nicht länger leiden, suchte einen befreundeten Arzt auf und erzählte ihm alles. »Die Krankheit, an der diese Menschen leiden«, erläuterte er mir, »heißt repetitative Zwangskalaueritis. Schwer heilbar, aber nicht gefährlich, jedenfalls nicht für die Patienten selbst.« Er sah mich besorgt an. »Aber wer mit diesen Leuten in Berührung kommt, kann sich etwas Schlimmeres zuziehen: akustische Allergie. Das geht bis zum Hörsturz und bis zur Ertaubung.« Er hob die Hände und seufzte. »Na ja, das liegt alles in Christus.«

»Christus?« Ich sah ihn verständnislos an. »Ja klar«, gab er zurück und lachte lauthals. »Krist du's oder Krist du's nicht?«

Weiß der Nesquik

Sprache ist Lebensmittel, Balancierkunst und Spielzeug in einem. Speziell der kindlich-spielerische Umgang mit Sprache ist ein nicht nachlassend sprudelnder Quell der Freude. Während die sogenannten Erwachsenen schwerernst in Länder wie Inflationien oder Infantilien abrauschen und mediale Analphabetisierungskampagnen als ihr »öffentliches gutes Recht« abnicken, machen Spielkinder wie Robert Gernhardt und Helge Schneider aus Jesus einen Schnesus oder einen Popesus, und beides ist zum großen Bedauern der Seriöstuer unermüdbar komisch.

Schon Peter Rühmkorf dokumentierte mit seiner Sentenzensammlung »Über das Volksvermögen«, dass die kindlich veralbernde, derbe, offene Sprache der einfachen Leute dem Jargon der Hochsprache an Direktheit, Treffsicherheit, Witz und Eingängigkeit oft haushoch überlegen ist, wenn nicht sogar hochhaushoch: »Harry Piel / sitzt am Nil, / wäscht sein' Stiel / mit Persil.« Da hat man den Kongress der Weißwäscher doch direkt vorm Auge.

Günther Willen, einst Redakteur beim lang schon verblichenen satirisch-humoristischen Magazin *Kowalski* und heute Universitätsbibliothekar und Autor in Oldenburg, hat ein Buch herausgegeben, das populäre Redensarten versammelt und gleichzeitig parodiert / ad absurdum führt / konterkariert / verkackeiert (Zutreffendes bitte streicheln): »Niveau ist keine Hautcreme. Gepflegte Sprüche für alle Lebenslagen.« Selbst bekennender und praktizierender Kalauerist, stellte Günther Willen seinem Lexikon einen Satz von Harry Rowohlt voran: »Man wird sich dereinst für jeden Kalauer verantworten müssen, für den man sich zu schade war.«

Und schon geht es rund und zur Sache. Das Buch versammelt gut 4000 jener Hin- und Wegwerfbemerkungen, mit denen man eins a durchs Leben kommt und auch noch bella figura macht – wenigstens teilweise. In 16 Kapitel geordnet, listet Willens Buch auf, was so weggequasselt wird, wenn Menschen mit Hilfe der Sprache die Vergnügungsarmut bekämpfen, und sei es die eigene. Der Witz daran ist ein mehrfacher und vielfältiger: Man freut sich über Redensarten, die man immer schon kannte, aber schon beinahe vergessen hatte (»Um elf Uhr hängt die Hose kalt am Bett!«), über solche, die man noch nie hörte (»Einer für alle und alle im Eimer«), und man freut sich über die Anregung und die Inspiration, denn viele der Kapitel könnte man, aus der Lameng, um einen Begriff oder ein paar Begriffe erweitern.

Der schönste der 20 saloppen Ausdrücke für Geld, die Günther Willen notiert, ist unzweifelhaft »Pieselotten«. Wie lange hatte ich das nicht mehr gehört, Pieselotten? Ab heute nur noch dieses. Die im Buch nicht erwähnten Geld-Begriffe »Knatze«, »Knatter«, »Mücken« und »Penunze« oder »Penunzen« gefallen mir aber auch. Und wenn Veranstalter nach einer Lesung oder einem Konzert lächelnd drucksen, man müsse nun ja auch noch »das Finanzielle« oder, ganz klemmig, »das Pekuniäre« klären, ist das sprachlich doch ebenfalls so verräterisch wie aufbewahrenswert. Oder müsste es korrekt aufbewahrungswürdig heißen?

»Das Leben ist kein Picknick«, weiß der Mann von Allerwelt; globuserfahren raunt er: »Paris war schon fies, aber Pisa war fiesa« und nennt seinen Dünnpfiff einen »flotten Hinrich«. Handwerkernd hämmernd oder schraubend flucht er: »Rein musst du – und wenn wir beide weinen!«, an einer verschlossenen Toilettentüre zerrend jault er: »Lass mich rein! Ich kann schon 'nen Hut draufhängen!« »Pünktlich wie die Mauren« erscheint er zu Feierlichkeiten, und wenn er auf eine Frage keine Antwort weiß, entgegnet er lässig: »Weiß der Nesquik.«

Die zuletzt zitierten Ausdrücke und Sätze finden sich nicht in Willens schönem Lexikon – sie seien ihm spendiert; ein Wort, bei dem mir einfällt, wie meine Liebste mich fragte: »Spendierste mir 'nen Eis?« Ich schmolz dahin. Das kann Sprache.

Günther Willen hat typische Beispiele deutschen Sprechens mit dem Blick des kenntnisreichen Humoristen zusammengetragen und sortiert. In seiner verdienstvollen Sammlung findet sich auch eine Perle von Wolfgang Hildesheimer: »Seit ich nicht mehr rauche, huste ich, aber das ist kein rechter Ersatz.«

Es trifft Erkenntnis uns schön schnell:
Allein die Klassik ist immer aktuell.

Leipzig: Köpfe zu Sandsäcken

Wer regiert Mitteldeutschland? Akustisch gehört das Gebiet zwischen Halle und Leipzig dem Unternehmen DHL, einer legalen Terror-Organisation, die vom Flughafen Leipzig-Halle aus operiert. Das L im Namen steht für Logistics und wird gemeinhin mit Logistik übersetzt, bedeutet aber LÄRM. Rund um die Uhr, immerzu, ohne Pause, dürfen die alten, mörderisch lauten Militärmaschinen im Besitz von DHL starten und landen. Wer in der Nähe des Flughafens oder der Flugrouten wohnt, wird systematisch in Ohrenpein getrieben, mit Schlafentzug gequält und psychisch derangiert. Mancher Anwohner ist so am Ende, dass er sogar Leserbriefe schreibt.

Diese Post richtet er an die *LVZ*, die *Leipziger Volkszeitung*, die richtig DHLVZ heißen müsste; sie ist das Presse-, PR- und Propagandainstrument von DHL. Die *LVZ* erklärt ihren Lesern, warum sie über die Existenz von DHL zu jubeln haben. Fehlt den Lesern der Glaube, packen die *LVZ*-Redakteure selbst die Winkelemente aus. Und verbreiten die Kunde, DHL schaffe »Arbeitsplätze«. Der Arbeitsplatz als solcher ist ein deutsches Nationalheiligtum; mit einem Arbeitsplatz unterm Arm kann man hierzulande jede Vernunft ersticken. Es reicht sogar die Legende vom Arbeitsplatz: Als DHL in Brüssel keine generelle Nachtflugerlaubnis bekam, wurde der Standort aufgegeben; 3000 Beschäftigte waren entlassen. In Leipzig-Halle, verkündete DHL anschließend, habe man 1500 Arbeitsplätze »geschaffen« (geschaffen wie in »Und Gott schuf Himmel und Erde«) – es wurden also in der Summe 1500 Arbeitsplätze vernichtet.

Der *LVZ* ist Rechnen so egal wie Schreiben. »Tausende von Arbeitsplätzen«, schreibt Thilo Boss am 24.7.2008 im *LVZ*-Leitartikel, stünden auf dem Spiel, wenn »die Richter in den roten Roben« DHL gegenüber nicht so willfährig urteilten, wie er als Chef des *LVZ*-Wirtschaftsressorts dem Unternehmen weiter zum Munde phraselt: »Das ist so sicher wie das Amen in der Kirche.« Oder auch: »Das ist die Nagelprobe.« Sogar um ganz eigene Metaphern ist der Mann nicht verlegen; er weiß von »Standorten in Osteuropa und Frankreich« zu erzählen, die »sich die Hände reiben würden«, wenn sie DHL Steuergeschenke machen dürften. Er meint, korrupte Politiker und ihre Journalisten gebe es nicht nur in Leipzig, sie seien vielmehr eine allgemein verbreitete Pest. Das ist wahr. Aber »Standorte, die sich die Hände reiben« können, gehören exklusiv Thilo Boss. Der damit einen, nämlich seinen, Arbeitsplatz zwar nicht erschafft, ihn jedoch tapfer erhält und verteidigt.

Das möchte auch *LVZ*-Mann Armin Görtz, der das Urteil zur uneingeschränkten Nachtfluggenehmigung am 25.7.2008 beleitartikelt. »Unverhofft kommt oft«, hebt er an und kann auch fließend »Doch wer A sagt, sollte auch B sagen«. Schon deshalb handele es sich um »ein gutes

Urteil für Leipzig« und damit, wie es der Gemeinplatz-streuer gebietet, »für die gesamte Region«. Längst ist »die Region« ein unverzichtbares Versatzstück der Schaum-sprache; sie gehört, wie die Formel »die Menschen«, zum Fundus des professionellen Köpfe-zu-Sandsäcken-Voka-bulars. Bevorzugt wird meist sogar die Mensch-Region-Kombination »die Menschen in der Region«.

Zur Kompetenzunterfütterung der heißen Luft hat sich die DHLVZ einen externen Experten geleistet und zitiert den Leipziger Wirtschaftsprofessor Ullrich Heilemann: »Die Region hat jetzt eine realistische Chance, dass bis zum Jahr 2010 bis zu 10000 direkte und indirekte Jobs entstehen.« Unterm Strich bedeutet das nichts, aber die Zahl »10000« ist in der Welt, ein Wirtschaftspastor hat sie genannt. Das ist das Prinzip Hoffnung. Für die Region gibt's nur Religion.

Neuigkeiten aus Knorkistan

Die Werbeparolen, mit denen Ortschaften oder ganze Landstriche versuchen, für sich Reklame und gutes Wetter zu machen, sind in hohem Maße verräterisch. Die ostwestfälische Kleinstadt Herford, in der ich geboren wurde, beauftragte eine Agentur damit, sich etwas Griffiges, Einprägsames, ja Einschneidendes auszudenken, auf dass der Name Herford niemals der Vergessenheit anheimfalle. Das Ergebnis lautete: »Hin- und Herford«. Es war die reine Heimtücke, und der Texter, dem sie innewohnte, kassierte hohnlachend das Honorar. Mancher zahlt ja noch dafür, wenn man ihn hochnimmt und veräppelt.

Das benachbarte Bielefeld preist sich als »Die freundliche Stadt am Teutoburger Wald« an; hier ahnte wohl jemand, dass man das Adjektiv »freundlich« schon dazusagen und hinzufügen muss – von allein würde kein Besucher der Stadt Bielefeld darauf verfallen. Die Stadt Karlsruhe bringt sich mit dem Aufschneiderspruch »Viel vor, viel dahinter« in Misskredit, und jene Karlsruherinnen und Karlsruher, in denen Feinfühligkeit und Geist walten, schämen sich stellvertretend für den, der sie so strafte, ohne es auch nur zu bemerken.

Wer das Land Sachsen-Anhalt über die Autobahn er-

reicht, reibt sich verwundert das Auge, denn zur Begrü-
ßung liest er: »Willkommen im Land der Frühaufsteher«. Was soll das heißen? Was möchte Sachsen-Anhalt
der Restwelt damit sagen? Gleichen die sachsen-anhaltinischen Frühaufsteher jenen legendären frühen Vögeln,
die immer den Wurm fangen – wenn das denn überhaupt
stimmt? Sind die Anhaltinersachsen die ganz Ausgeschla-
fenen, die Oberschlauen, die keiner in die Tasche stecken
kann, es sei denn, er wäre sogar noch früher aufgestan-
den? Und wenn das so wäre – müsste man es dann den
anderen sagen? Wüssten die es nicht und zögen respekt-
voll den Hut? Und blieben dann nicht auch die solcherart
mit Begabung und Glück verwöhnten Insassen Sachsen-
Anhalts hochzufrieden in ihrem Tippitoppi-Frühauf-
steherland, statt es in großen Quantitäten zu verlassen,
dem Land geradezu torschlusspanisch zu enteilen und
andernorts ihr Glück zu suchen, egal wo, Hauptsache
nicht in Sachsen-Anhalt? Warum also sollten die Sachsen-Anhaltinischen früh aufstehen? Um sich selbst bei der
Erwerbslosigkeit, der Muffigkeit und dem Abhauen davor
zuzusehen?

Das beckenbauertauglich ölige Erfolgsgrinsekaff München gibt sich den Namen »Weltstadt mit Herz«. Außer
dem kleinen Wort »mit« ist daran alles gelogen. Zwar hat
München, im Stadtteil Schwabing, ein »Café Ringelnatz«,
in dessen Speisekarte viele Verse des Dichters zitiert sind.
Ringelnatz verbrachte einige Jahre in München, seine Ab-
schiedsworte an München verschweigt der Besitzer des
Cafés allerdings geflissentlich. Es sind die ersten Zeilen

des Gedichtes »Umzug nach Berlin«, und sie entbehren nicht der Deutlichkeit: »Nach Berlin, nach Berlin, / nach Berlin umzuziehn, / aus der dümmsten Stadt der Welt.«

Zu Beginn des 21. Jahrhunderts ist Berlin so abgewirtschaftet und pleite, dass die Politessen noch um zwei Uhr morgens Strafzettel verteilen müssen, um der Stadt wenigstens etwas Kleingeld zuzuführen. Der Regierende Bürgermeister Klaus Wowereit hat weder die Absicht noch die Möglichkeiten, die asoziale Berliner Politik zu ändern; er sucht lieber ein neues Image und einen passenden Slogan, mit dem man Berlin als aber so was von dufte darstellen kann. Dass Berlin »eine Reise wert« sei, ist längst in den Kanon der Phrasen eingegangen, und die Leute, die »noch einen Koffer in Berlin« hatten, sind unterdessen verstorben. Wowereit hat deshalb »die Marke Berlin« entdeckt und lässt seine Senatskanzlei auströten, Berlin sei »die Stadt des Wandels«.

Fünf Millionen Euro haben die Steuerzahler, ohne darum gefragt worden zu sein, für die Imagekampagne zur Verfügung gestellt; diese Summe erhöhte die Wirtschaftsfördergesellschaft »Berlin Partner« noch um zwei weitere Millionen. Der unbedingte Wille zur Aufdringlichkeit ist vorhanden. »Wenn es losgeht, soll man es auch sehen«, lässt Klaus Wowereit die Menschen wissen. Es geht aber bloß darum, Geld in die Stadt zu locken. Dazu muss man eine abgetakelte, verarmte Stadt »arm aber sexy« nennen und zur traurigen Attraktion aufblasen. Die alte Nutte Berlin wird noch einmal geschminkt.

Als Chefvisagist gilt Sebastian Turner, der »Kreativ-

Chef« der Werbeagentur »Scholz & Friends«. Dochdoch, diese Sorte Pflaumenaugust heißt veritabel »Kreativ-Chef«; in diesem Wort ist die ganze verzweifelte Hybris genauso enthalten wie ihre Entlarvung. »Kreativ-Chef« ist die Steigerungsform von Lutscher und Li-La-Laune-Bär. Turner ist fraglos der passende Mann für den Berliner Blasebalg-Job; wer seine Agentur »Scholz & Friends« und also seine Angestellten »Freunde« nennt, hat Mangel an Betrügerpotential nicht zu fürchten. Wer mit so einem Mann befreundet sein muss, darf sicher auch ein unbezahltes Praktikum in seinem Lügenladen machen.

Turner kann mehr als Wowereit, der nur »die Marke Berlin« halluzinierte – Turner spricht gleich vom »Markenkern«, vom »Kern der Marke Berlin«, und dieses Wunder von Kern ist für ihn – Kerner? Nein, leider; »Freiheit« ist »der Kern«, wahrscheinlich in der Version des Beck's-Bier-Reklamemodels Marius Müller-Westernhagen. »Berlin ist die Stadt der Freiheit«, weiß Turner, und weil das nichts bedeutet und ihm sonst überhaupt nichts einfallen will, klammert er sich an seine kümmerliche Propaganda-epistel und sagt sie immer wieder auf, bis irgendwann wenigstens er an sie glaubt: »Berlin ist fest verankert als ein Symbolort der Freiheit. Teilung, Blockade, Mauer, Mauerfall – in der ganzen Welt ist Berlin eine Stadt der Freiheit.«

»Symbolort der Freiheit« – wenn man sonst nichts hat, und Berlin hat nichts sonst, macht sich das doch ganz gut: Die heiße Luft heißt nichts, kostet aber auch nichts. Betriebsblind beurteilt Turner die Welt aus der Perspektive des Werbers: »Die erfolgreichste Regionalkampagne, die wir in Deutschland jemals hatten, war der friedliche Untergang der DDR. Innerhalb von Wochen verwandelte sich der graue, lächerliche Stechschritt-Mauerstaat in ein lebendiges, tanzendes, sich selbst befreiendes Land. So positiv haben die Deutschen die Welt davor und danach nicht mehr überrascht.« Ob in Ostdeutschland irgendjemand auf die Straße gegangen wäre, wenn er geahnt hätte, wie das 20 Jahre danach als angebliche Werbekampagne verwurstet und verramscht wird? Nimmt man ihn beim Wort, schuldet Turner den Protagonisten vom November 1989 noch Honorare und Tantiemen – aber dann ernennt er sie lieber zu »Friends«, da muss er nichts zahlen.

Weil er so mitleiderregend dringend ein eingängiges Code-Wort für Berlin braucht, schenke ich dem Turner samt seinem Wowereit eins: Knorkistan. Da sind die Türklis drin und die Bolles, und die haben, so unangenehm sie im Einzelnen auch immer wieder sind, doch einen Vorzug gegenüber Turner, Wowereit & Friends: Sie existieren wirklich. Sie sind Berlin; ein anderes gibt es nicht, jedenfalls nicht außerhalb einer Werbeagentur – egal, mit welchem dünndümmlichen Schnack Berlin die Kundschaft ankobert. Leipzig hat mit »Leipziger Freiheit« die Peinlichkeitslatte schon schön hoch gelegt, aber Berlin wäre nicht Berlin, wenn es das nicht noch besser könnte: »Be Berlin«, sei Berlin – dieser Gratisflachspruch schoss den Vogel ab und machte das Rennen. Er ist die richtige Botschaft für alle, aus denen nichts Gescheites wird und die sich damit trösten müssen, ein Teil des ewig aufgeblasenen Berlins zu sein.

Meter hoch n

Bitte nach 300 Meter rechts abbiegen«, mahnte die weibliche Stimme des elektronischen Navigationsgerätes, kurz Navi genannt. Den 300 Metern fehlte eindeutig ein n, das sich auch bei der Wiederholung nicht einstellen wollte: »Bitte nach 50 Meter rechts abbiegen.«

Ein einzelner, flüchtiger Fauxpas kann lässlich sein oder lustig und ist immer verzeihlich; erst die ständige automatische Wiederholung geht an die Nerven. Wer gibt diesen Navigationsmaschinen eigentlich Text und Stimme? Brotlose Germanisten? Fernsehmoderatoren, die sich dringend etwas nebenher verdienen müssen? Oder werden irgendwo in Rumänien Frauen geschrumpft und als Module in die elektronischen Fährtenleser verpflanzt?

Ich darf so was fragen, denn unser Mietwagen mit Sprachfehlernavi ist stets ein rollendes ambulantes Sprachlabor: Die Herren vom Spardosenterzett und ich singen Peter Hacks, a cappella: »Ich fuhr und ohne Trauer, zu der hin, die ich lieb …« Einer der Jazzmusiker, Kai Struwe, lässt seine Ruhrgebietsherkunft kräftig hören: »Ich fuò und ohne Trauò …« Ich plädiere milde für eine hochdeutsche Version; der Kollege hält nicht minder sachte dagegen, so spreche man eben im Ruhrgebiet: »Trauò, Mauò, ich geh da ma rübbò, das ist der Hammò.«

Genau das aber, berichtet er weiter, soll sich unbedingt ändern: Der »Initiativkreis Ruhrgebiet«, ein Zusammenschluss aus 70 regionalen Unternehmen, gab 2008 eine Werbekampagne für ein neues Ruhrgebiet-Image in Auftrag, um das ehemalige Industrierevier speziell für internationale Investoren attraktiver zu machen. Das Rennen machte die Düsseldorfer Werbeagentur Grey mit der Parole »Ruhr hoch n, Team minus Work minus Capital«.

Ich verstehe kein Wort und sage das auch, was Kai Struwe wiederum mit verstehendem Lächeln quittiert. Er wiederholt betont langsam: »Ruhr hoch n, Team Bindestrich Work Bindestrich Capital.« Und erklärt: Das Ruhrgebiet potenziert sich mit jeder möglichen Variablen – hoch n – und ist Capital, mit C, also die Capitale, die Hauptstadt des Teamworks. So meinen die das wohl.

Verpatzte, peinliche Eigenwerbung von Städten oder Regionen ist nichts Neues oder Seltenes; hier gehen Größenwahn und Kleinkariertheit routiniert Hand in Hand. »Ruhr hoch n, Team-Work-Capital« ist an Unverständlichkeit nur schwer zu übertreffen. Wer aber statt übertreffen »toppen« sagt, muss entweder zur Sühne in einer Werbeagentur arbeiten – oder darf nach Mecklenburg reisen: Da ist »Toppen« die Bezeichnung für einen Hund.

Dennoch war ich hoch erfreut über »Ruhr hoch n«. Mir wurde alles klar: In diesem miesen Slogan musste das n gelandet sein, das dem Navi in unserem Automobil fehlte! Das n wollte ich wiederhaben – und Beschwerden gegen »Ruhr hoch n« hatte es ohnehin gegeben. Niemand verstand diese kryptische Parole; RWE, Thyssen-Krupp, Evonik und der Initiativkreis Ruhrgebiet, die jeweils 250.000 Euro vorgeschossen hatten, waren nicht amüsiert. So änderte die Düsseldorfer Agentur Grey »Ruhr hoch n« in »Ruhr®« – ® wie Registered Trademark. Um den Erfolg der Neuerung im Volke zu beweisen, tauchten in Internet-Foren massiv positive Kommentare zur überarbeiteten Kampagne auf – die allerdings, wer hätte es nicht gedacht, seltsamerweise an den Rechnern der Firma Grey geschrieben worden waren.

Die Damenstimme im Navi reagierte blitzschnell, fügte das geklaute n wieder ein und zwackte sich dafür das ® ab: »Nach 300 Meten bitte rechts abbiegen.« Und so fahren wir, fehlgeleitet, immer schön weiter durch die immer elektronischer werdende Welt.

Ausnahmekünstler

Wohin man sieht und hört und liest, gibt es Ausnahmen: Ausnahmetalente, Ausnahmeinterpreten, Ausnahmeathleten, Ausnahmekünstler, Ausnahmemusiker. Nichts als Ausnahmen, Ausnahmen, Ausnahmen. Wovon nehmen die Ausnahmen sich aus? Wovon werden sie ausgenommen?

Beim Ausbilden von Mode und Konfektion ist das Feuilleton geschäftsführend; von den ihm angeschlossenen Künstlern kann es verlangen, dass sie dienstbar sind. Wenn ein von seiner eigenen Borniertheit gelangweiltes Publikum nach Ausnahmen wovon auch immer verlangt, hat der Künstler sich entsprechend anzubieten und den Bedarf zu decken. Diesen Vorgang nennt man Rebellion oder künstlerische Selbstfindung; besonders anpassungsfähigen Künstlern sagt man alle drei bis fünf Jahre nach, sie hätten sich »neu erfunden«. Selbstverständlich wieder als Ausnahme.

Da ein Künstlerdasein ohnehin als generell abweichend gilt, als Ausnahme von der Regel, ist innerhalb des Künstlertums die Ausnahme von der Ausnahme die Regel. Tatsächliches Abweichen von der Norm wird sanktioniert; bei Künstlern ist die Darstellung von Anderssein das Eintrittsbillett in die besseren Kreise; besser meint: besser zahlend.

Was bedeutet Ausnahme? Wie es versteckte Fette gibt – Rudi Hurzlmeier hat sie einmal für *Titanic* gemalt: zwei sehr dicke Menschen, die vergeblich versuchen, sich hinter einem Baum zu verstecken –, gibt es auch den versteckten Superlativ. Wenn man beispielsweise einen Trompeter nicht »den größten« oder »den besten« seines Fachs nennen kann, weil das ziemlich peinlich wäre oder es vielleicht Animositäten gäbe mit den hundert oder tausend anderen Größten und Besten, spricht man vom Ausnahmetrompeter. Kost' ja nichts, kann nicht schaden, bedeutet auch nichts und ist dennoch als Wort in der Welt. Watte kann man nicht widerlegen.

Was zeichnet einen Ausnahmepianisten aus? Ist er die Ausnahme von der Regel, dass ein Pianist Klavier spielen können sollte? Wenn die Ausnahme längst die Regel geworden ist, was ist dann tatsächlich eine Ausnahme? Wenn einer ein ganz gewöhnlicher Künstler wäre, einer, der seine Sache versteht, sie gut macht und sich selbst dabei auch noch halbwegs realistisch betrachten kann – der wäre anders. Der wäre eine richtige Ausnahme von der Regel namens Ausnahme.

P(M)S: »Bei Regel muss Blut fließen«, sagt die Redakteurin. Aber das ist ein anderes Thema.

Pizza Nena alla Spinoza

Was haben »Won't Get Fooled Again« von The Who und »99 Luftballons« von Nena gemeinsam? Das muss Heinz Rudolf Kunze wissen, der schon beide Lieder öffentlich anpries. Befragt nach »seinem musikalischen Schlüsselerlebnis«, nach einem Lied, das »in seinem Leben eine ganz besondere Rolle spielte«, antwortete der Germanist, Autor und Sänger Heinz Rudolf Kunze allerdings zunächst: »Angesichts des Umfangs meiner Tonträgersammlung könnte und müsste ich da sehr weit ausholen, mich an vieles nahezu gleich Intensives erinnern – die Frage hat etwas von der fröhlichen Unbekümmertheit, mit der man Reich-Ranicki nach EINEM Lieblingsbuch ausforschen wollen würde.«

Ooops, da ist er schon, der ganze Kunze: verquollen, gespreizt und hochtrabend. Wie einer beschaffen ist im Kopf und in der Psyche, erfährt man am zuverlässigsten aus seinen eigenen Worten und Werken. Dass Kunze eine Verwandtschaft mit Reich-Ranicki zu erkennen meint oder anstrebt, liegt auf der Hand: Reich-Ranickis Mischung aus Ahnungslosigkeit, Aufschneiderei, Dünkel, Protzsucht und Machtbewusstsein imponiert, wie vielen autoritären Charakteren, auch Heinz Rudolf Kunze.

Also versucht Kunze sich im Anschlagen des gönnerhaft kunstrichterpäpstlichen, jovialen Tones, den Reich-Ranicki pflegt: »Aber gut, legen wir uns fest, denn EIN Erlebnis überragt tatsächlich majestätisch schimmernd alle anderen Gipfel des Eindrucksgebirges.« Eindrucksgebirge? Pluster, pluster, pluster, der Pluralis Majestatis schimmert, Eindruck schindend, eher durchs Flachland. Abgekriegt haben Kunzes Aspik auf Stelzen Pete Townshend und The Who. In »Mein Song, Texte zum Soundtrack des Lebens« (ars vivendi 2005) hat Kunze es erzählt: In »Won't Get Fooled Again« hat Kunze 1971 den »Aufschrei aller Entrechteten, Beleidigten, Betrogenen« vernommen und dann sogar »geweint«.

Diese Affekte führten Kunze zur Sozialdemokratie. Gemeinsam mit Diether Dehm schrieb er die SPD-Parteihymne »Wir wollen wie das Wasser sein / Das weiche Wasser bricht den Stein« – nicht unbedingt ein Aufschrei, aber ganz sicher zum Weinen, und es waren keine Steine, die da brachen. Von Entrechtung versteht Kunze auch etwas: »Lola« von Ray Davies und den Kinks nahm er in die deutsche Mangel und schläferte es ein.

Im Musikfeuilleton hausiert Kunze so regelmäßig mit seiner Neigung zu Mark E. Smith und The Fall, wie er fürs größere Publikum ins Deutschtümliche und Volkstümelnde herüberspagatet. So saß er auch bei »Wer kennt die Hits?« im WDR-Fernsehn herum und stimmte vor einer vollanimierten Claque Nenas »99 Luftballons« an. (Ich wurde der Peinlichkeit allerdings erst in einer Wiederholung im September 2008 ansichtig.)

Was war das? Bei allem Dabeisein ist alles? Dem Schleimigen ist alles Schleim? Nicht doch: Es leuchtete sofort ein! Schließlich sollte Nena schon einmal Bundeskanzlerin werden, Tim Renner, Visionsbeauftragter der Musikindustrie, träumte diesen Traum in der *Zeit*. Und Heinz Rudolf Kunze hat sehr viel übrig für politische Karrieren; als es mit der Sozialdemokratie bergab ging, entstieg Kunze deren Weichwassern, entdeckte viele Gemeinsamkeiten mit Christian Wulff von der CDU und nahm mit ihm an einem niedersächsischen Kirchentag teil, für den Kunze flink noch ein Lied geschrieben hatte. O Herr, GEMA mit mir!

Über den niederländischen Philosophen Spinoza schrieb Kunze seine Abschlussarbeit und erwarb das Lehrerexamen; dass diese Deutsche Dogge nicht auf Schüler losgelassen wurde, darf man als Gnade betrachten.

Im nicht sehr hellen Musikbetrieb gilt Kunze für einen Eins-a-Dickdenker, für eine Rübe von schwerem Kaliber, die als Allzweckwaffe einsetzbar ist. Mit seinem nationalen Einsatz für eine gesetzliche Quotierung deutscher Musik im Radio diente er brav der maroden Industrie, im Musicalgeschäft ist er eine tragende Säule.

Warum also sollte Kunze nicht in einem Fernsehmusikquiz ein Nena-Lied singen vor Leuten, die Spinoza für ein italienisches Gemüse halten? Zumal er »99 Luftballons« sauber intonierte und ihm der Text sichtlich keinerlei Schwierigkeiten bereitete? Für die musikpädagogische Animation kommt Kunze sein Lehramtsabschluss zugute, partei- und kirchentagserfahren ist er auch. Wer dazu noch einen Kopf wie 99 Luftballons hat, bringt alle Voraussetzungen mit, um Bundessingekreisleiter zu werden. Herzlich willkommen im neuen Amt, Heinz Rudolf Kunze.

Männerphantasien
mit Dr. Diether Dehm

Der Tageszeitung *junge Welt* war Werbung beigelegt. *Klar* heißt ein Reklameblättchen, das von der Fraktion Die Linke im Bundestag herausgegeben wird. Das Layout ist im Stil von *Bild* gehalten, auch Rubriken wie »Verlierer« und »Gewinnerin« wurden von *Bild* übernommen, die »Post von Wagner« heißt in *Klar* »Post von Lafontaine und Gysi«. Um seine beiden Flaggschiffe Gysi und Lafontaine mit der notorisch überschwappenden Unterbuxe Franz Josef Wagner formal auf eine Ebene zu stellen, muss man schon ziemlich hinterhältige Absichten verfolgen.

Der Versuch einer linken Anti-*Bild* scheitert; *Bild* ist, wie Gerhard Henschel in seinem »Gossenreport« überzeugend nachgewiesen hat, eben nicht Boulevard, sondern, in Henschels deutlichen Worten, Gosse und Pissrinne. Man kann *Bild* nicht parodieren, ohne den Gestank von *Bild* anzunehmen und zu transportieren. *Klar* ist *Bild* für Linke, die so etwas mögen oder brauchen.

Wie es um die Sprache dieser Linken bestellt ist, demonstriert eindrucksvoll Dr. Diether Dehm, der als Sänger, Texter und Produzent die akustischen Menschenrechtsverletzungen durch Lerryn, die Bots, Klaus Lage und andere zu verantworten hatte. »Exklusiv für *Klar*« schreibt Dehm über Tonträger, unter anderem über die Hörbuchfassung von »Feuchtgebiete«. Das macht er wörtlich und ungekürzt so: »Charlotte Roche liest selbst ihren Roman, linkisch mit wenig Distanz zur vorgetäuschten Titelheldin, und auch akustisch taugt es echt nicht zur Selbstbefriedigungsvorlage! (Im Eigenversuch: Sogar dumpfe Männerphantasien müssen danach erst mal tief Luft schnappen). Sollte nach dieser CD tatsächlich je noch eine Frau Beine rasieren, auf Deo-Image insistieren oder Prüderie mit der *Bild*-Autorin Alice Schwarzer begründen: Steinigt diese Roche nicht wie eine Landesverräterin. Sie verrät doch nur Gebiete.«

Ich kenne »Feuchtgebiete« weder als Buch noch als Hörbuch; darum geht es auch gar nicht, sondern um den Brei in der Birne des Dr. Diether Dehm. Was ist eine »vorgetäuschte Titelheldin«? Was ein »Deo-Image«? Können oder »müssen« Phantasien »Luft schnappen«? Wie machen die das, die Phantasien? Sind »Männerphantasien« immer und automatisch »dumpf«? Fragen Sie Dr. Dehm, und der, nach eigenem Dafürhalten einst »der letzte Marxist in der SPD« und heute für Die Linke im Einsatz, fragt dann seinen Arzt oder Apotheker. Oder kann es, weit angemessener, seinem Friseur erzählen.

P.S.: Im Februar 2009 stammelte Dehm nach. Ihm kam »dampfender Rock aus Powerrohren« zwischen die Powerohren, als er die Sängerin Pink hörte, bei der es sich laut Dehm um »die grellblonde Straps-Dame« handelt. Die

Musik von Tom Jones nahm Dehm ebenfalls zum Anlass, sein Daueruntenrumvokabular zu aktivieren: »So geil kann Altwerden werden.« Doch auch dieser powergeröhrte Schrei nach Restkopfverstrubbelung wird ungehört verhallen werden werden.

Urnel aus dem Eis

Zwei Tage vor dem Konzert von Peter Maffay im Leipziger Haus Auensee am 31.8.2008 brachte die *Leipziger Volkszeitung* ein Ankündigungsinterview, in dem Maffay seine diversen Credos, Credi und Creden ablegte, Bekenntnisse über Liebe (»ein Wahnsinnsmotor«), Nähe (»ich will mehr Nähe zu den Fans«), ökologische Landwirtschaft (»Ja, irgendwie schon«), Kindheit (»Man will irgendwann wissen, wo die Wurzeln sind«), das Alter und den Tod (»Das ist alles ein Kreislauf«) und sein Engagement für Hilfsprojekte (»Wenn man die Möglichkeit dazu hat, Einfluss zu nehmen, sollte man das auch tun – und nicht nur davon singen«), so halbesoterisch routiniert unverbindlich wie in genau dem verbindlichtuerischen Ton heruntergequakelt, den der unter seinem rumänischen Wahrnamen Makkay noch immer leidende Maffay sich angewöhnt hat, seitdem er unbedingt für seriös angesehen werden möchte. Zwecklosigkeit hat viele Namen und Gesichter.

Maffays Bedeutungshuberei für stark eingeschränkt Befähigte ist Flüssigbeton für den Kopf – verglichen mit dem Geraune von beispielsweise Blumfeld aber geradezu unblöde und harmlos. Wie man von Maffay zu Blumfeld kommt? Beide beschäftigten denselben Rundfunkpromoter, der ihnen bei Radiosendern die Türen auftreten sollte, und der tat, was er konnte: »Die CD von Blumfeld gibt es nur nach Zusage für ein Interview.« Beziehungsweise: »Wenn ihr Maffay wollt, müsst ihr vorher ein Gespräch über seine neuen Hilfsprojekte führen.« Für Promoter ist versuchte Erpressung ein einehanddieanderewaschendes Tagesgeschäft, für Maffay Mediennormalität – und für Blumfeld so peinlich, wie diese Band es immer war, vom ersten ihrer langweiligen Tage an.

Mit der Interviewerin der *Leipziger Volkszeitung* sprach Maffay zwar auch »auf seiner Finca auf Mallorca«; die ganz dünnen Behausungs- und Seelenbretter wurden aber im Springer-Mutterblatt gebohrt, in *Bild*, und das seelendick: »Meine Mutter schoss sich eine Kugel in den Kopf«, hieß es dort am 28.8.2008: »Peter Maffay – der erfolgreiche Rockstar spricht über sein schlimmstes Erlebnis«. Mit *Bild*, dem psychologischen Abtritt, dessen Dunst immer noch die meisten deutschen Fliegen zieht.

Ohne Preisgabe geht bei *Bild* nichts. Das Interview lässt offen, ob Maffay sich dem Bekenntnisterror willig fügt oder ob er das PR-trächtige Thema »Meine Mutter und ich« selber anregte; jedenfalls herrscht der Kammerheulbojenton M wie Mutti: »Deutschlands größter Rockstar Peter Maffay (58) – so stark, erfolgreich, selbstbewusst. Doch das größte Drama seines Lebens konnte er bislang nicht verwinden.« Schreibt *Bild*-Mann Mark Pittelkau und fährt fort: »Seine Mutter Augustine Makkay unternahm einen Selbstmordversuch – und starb später an den

Folgen. Die Urne mit ihrer Asche steht jetzt in der Kapelle auf Maffays Finca bei Pollenca auf Mallorca.«

Maffay erzählt dem Pissoir-Journalisten alles: »Meine Mutter hatte sich 1991 in den Kopf geschossen. Ich habe die Urne mit ihrer Asche vor einem Jahr aus Bayern zu mir nach Mallorca geflogen. Es ist eine Art Wiedergutmachung, sie jetzt für immer zu mir geholt zu haben. Ich will jetzt die Nähe zu ihr aufbauen, die ich zu ihren Lebzeiten nicht hatte.«

Die Nähe zu wem? Zu einer Frau, die sich nicht mehr wehren kann? Oder zu ihrer Urne? Die Frage wäre nicht uninteressant, wenn es nicht so egal wäre. Nach (all)gemeinem *Bild*-Sprachgebrauch hieße Augustine Makkay nur noch: Maffays Kopfschuss-Mutter. Oder Urnel aus dem Eis.

Eine seit 1991 tote Mutter, die man via Emotion verkaufen kann – »Maffays Stimme bricht, als er sagt ...« – ist nicht schlecht, aber Frischfleisch geht besser: »Fast jeden Tag geht der Musiker in die kleine Kapelle, in der die Urne seiner Mutter steht. Betet, denkt nach, hält Zwiesprache. Oft hat er seinen Sohn Yaris (4) dabei. Maffay: ›Hier finden die Generationen unserer Familie zusammen. Yaris weiß, dass seine Oma hier ist. Und ich will, dass er eine Möglichkeit hat, zu ihr einen Bezug zu entwickeln.‹« Nach der Nähe zur Urne der Bezug zu ihr: Maffay gibt, was er hat oder verwalten kann, tot oder lebendig.

Im *LVZ*-Interview hatte Maffay zum Thema »Respekt« noch geäußert: »Davon gibt es generell zu wenig.« Hier beschwert sich einer, der für *Bild* mit Mutti betet und alles Private verhökert, deshalb zu Recht keinerlei Respekt bekommt außer von seinesgleichen und assoziierten Medienheiopeis und einem Mark, der ihm und dem er den Pittel kaut. Deshalb muss das Ende dieses Textes, in Maffaysprech artikuliert, lauten: Ein Bezug zu die Urne mit die Asche von die Muddi von den Peyder Maffay seinen kleinen Sohn in die Finca von den Peyder in Mallorca drin.

PS: Mein tägliches Amüsement-Bonbon, die *LVZ*, berichtet über sein Konzert im Leipziger Haus Auensee. »Maffays neue Nachdenklichkeit« ist das Stück betitelt, ein Foto zeigt den blondinenumstandenen Maffay, der einen basecaptragenden Jungen tätschelt, die Bildunterschrift lautet: »Übernimmt Verantwortung für seine Mitmenschen: Peter Maffay«. So macht man das: Mit scheinbarer Affirmation und echter Tücke macht man diese Typen fertig, und indem man 26 Jahre später berichtet, dass Maffay 1982 erfolglos im Vorprogramm der Stones auftrat und »mit Eiern und Tomaten beworfen« wurde. Noch besser sogar klappt das hinterrückse Maffay-Bashing zwei *LVZ*-Seiten weiter: Ein Foto zeigt Maffay neben seiner eigenen Wachsfigur im Berliner Kabinett von Madame Tussaud, und niemand kann erkennen, wer Maffay und was Wachsfigur ist.

PPS: Die Agentur AFP meldet: »Rocksänger Peter Maffay will im kommenden Jahr in Deutschland Bio-Lebensmittel verkaufen, die auf seiner Finca in Mallorca angebaut und produziert werden. Produkte wie Olivenöl, Käse, Oliven bis hin zu Kosmetika sollen unter dem Namen ›Can Sureda‹, den auch die Finca in der Nähe des Ortes Pollenca trägt, in den Handel kommen. Mit den Erlösen sollten weitere Ferienaufenthalte traumatisierter oder missbrauchter Kinder finanziert werden, sagte Maffay.«

Was Maffay nicht sagt: Die Kinder wurden von ihren Eltern missbraucht, von Maffay-Fans, die ihren Nachwuchs in Maffays Musical »Tabaluga« schleiften. Dieses Grauen – ich habe »Tabaluga« mit eigenen Augen gesehen – wird man so schnell nicht wieder los. Was für eine perfide Idee: Kinder erst mit »Tabaluga« quälen und sie dann auf die Finca zerren. Sounds like Peter Maffay Teenic Spirit.

Die Schnäppchen der Besinnlichkeit

Es gibt durchaus schöne Diminutive, Verkleinerungs- und Verniedlichungsformen, die Charme und Eigenheit versprühen. Eichhörnlein zum Beispiel gefällt mir sehr, und wenn das flinke Eichhörnlein auch noch possierlich Nüsslein knabbert, will mir ganz wuschig ums Herz werden. Doch wohnt dem Verkleinerungsvokabular auch großer Schrecken inne: Schnäppchen ist eines der scheußlichsten Wörter deutscher Zunge, und besonders häufig liest und hört man es in der Vorweihnachtszeit.

Dass Weihnachten eine rein kommerzielle Angelegenheit ist, muss in den Rang einer Nachricht nicht mehr erhoben werden. Es stört mich auch nicht, ich bin ein säkularer Mensch und bedarf nicht des Gläubischen. Dass aber jenes christliche Abendland, in dem man nun einmal lebt, weder willens noch in der Lage ist, die permanent behauptete Andacht, Einkehr und Stille herzustellen, erfüllt den Tatbestand des glatten Betrugs. Statt in Ruhe und Frieden dem Jahresende sanft und melodisch sich entgegenwiegen zu können, wird man genötigt und beballert. Einkaufszentren von schreiender architektonischer Hässlichkeit erklären sich zum »Ziel aller Wünsche«; das Leipziger Lokalblatt jubelt auf Seite eins über die »Weihnachtsüberraschung an der Zapfsäule« und feiert das »Plus im Adventsgeschäft sächsischer Händler«, als ob einen das irgendetwas anginge.

Wo man geht und steht, wird man zum Konsumenten degradiert und angeherrscht, gefälligst die Konjunktur anzufachen; das ist nicht nur Menschenrecht, sondern auch Bürgerpflicht, und gerade die Ostdeutschen haben immer noch viel nachzuholen! Und so zischelt es allerorten: Schnäppchen! Schnäppchen! Schnäppchen! Man sieht schier die Reißzähne in den Gebissen wachsen: Schnappen, Schnapphanski, schnappen! Mach den Grapschgermanen, und schnapp dir dein Schnäppchen! Hasso, schnapp! Da wünscht man sich beinahe den guten alten und vergleichsweise harmlosen Weihnachtskitschterror mit erzgebirgischen Schwibbögen, Pyramiden, Krippen, Jesuskind und Englein zurück, die in der DDR allerdings »Jahresendfiguren mit Flügeln« heißen mussten, weil die DDR des Engels, mit Ausnahme von Friedrich Engels, nicht bedurfte, basta.

Schenken ist schön – so schön, dass einem sogar ein entleertes Ritual wie Weihnachten als Anlass taugen kann. Es gäbe auch 364 andere Tage im Jahr, aber wenn es also unbedingt dieser Termin sein soll, dann nehmen wir den eben auch. Aber bitte ohne Schnäppchen! Ich möchte nicht zum Schenker oder zum Empfänger eines Schnäppchens herabsinken: Hier, Schatz, dein Schnäppchen – es kommt von Herzen. Oder doch eher von Herzilein? Ich möchte auch keine Weihnachtsmannmützen mit Blinkelementen auf menschlichen Köpfen sehen müssen, und bitte auch keine Weihnachtsmänner aus dem Baumarkt an lichterkettengefolterten Hausfassaden.

Weihnachtsmänner kommen aus der Verwandtschaft, der Nachbarschaft oder, wenn sie gar nichts taugen, vom Studentenwerk. Kinder lieben Weihnachtsmänner, weil sie richtige Geschenke dabeihaben und keine Schnäppchen. Im nordenglischen Oldham wurde eine Grundschullehrerin entlassen, weil sie ihren sieben und acht Jahre alten Schülern eröffnet hatte, dass ihre Weihnachtsgeschenke nicht vom Weihnachtsmann kämen, sondern von ihren Eltern. Die Kinder brachen in Tränen aus und waren am Boden zerstört. Kein Wunder: Wer will denn etwas von seinen Eltern bekommen, wenn er es vom Weihnachtsmann haben kann? Die Lehrerin verwechselte die Brutalität, dass es Schnäppchen gibt an Stelle von Magie und von Märchen, mit Aufklärung. Nun ist sie arbeitslos und kann sich ein Geld als einer der Weihnachtsmänner verdienen, die es ihr zufolge gar nicht gibt.

Wie klug sind doch die Eichhörnlein, die überwinternd die Schnäppchenzeit verschlafen.

Downtown-Poeten

Wer eine Trisomie 21 hat, also 47 Chromosomen statt 46, wurde früher »mongoloid« genannt; das sogenannte Normale mit seiner selbstgewissen Ignoranz ordnet und sortiert das Besondere und Abweichende gern ein und urteilt es ab. Die angstgesteuerte Abgrenzung hat Gründe; Leute mit Down-Syndrom verfügen oft über eine ungewöhnliche Fülle von Talenten. Seit 1998 wird in Bonn eine Zeitschrift mit dem Neugier entfachenden Titel *Ohrenkuss ... da rein, da raus* produziert. Das außergewöhnlich liebevoll gestaltete *Magazin von Menschen mit Down-Syndrom* wird bei *downtown* hergestellt, einer »Werkstatt für Kultur und Wissenschaft«. Gründerin und Chefredakteurin Katja de Bragança ist Motor und Seele der Zeitschrift, den Inhalt aber bestimmt die Redaktionsmannschaft. Eine Bevormundung findet nicht statt.

Im Jahr 2003 lud mich die Redaktion zum Interview ein. Mit der üblichen medialen Dunkel- und Dünkelheit hat *Ohrenkuss* nichts zu tun, ich betrat eine heucheleifreie Zone. Statt Verstellung und Blenderei walten Direktheit und Empfindsamkeit, hier zielt alles auf die Tiefe des Augenblicks. Nach dem Interview schrieb Svenja Giesler über unsere Begegnung: »Ja also, wenn ich ihn mir so anschaue ... es geht so, ist nicht so mein Geschmack, aber seine Antworten waren korrekt.« Da hatte ich ja nochmal Glück gehabt: immerhin korrekte Antworten wurden mir attestiert. Mit Wörtern kennen sich die *Ohrenkuss*-Redakteure nämlich aus: »Buchstaben kenne ich wie meine feste Tasche«, schreibt Angela Fritzen.

Der Einblick in die Westentaschen der Downtown-Poeten ist nun auch im großen Stil möglich. Nach zehn produktiven Jahren erschien 2008 eine üppige Auswahl von Texten und Fotos. »Ohrenkuss – Das Wörterbuch« ist ein gut 300 Seiten starkes, pralles, farbiges, leinengebundenes und fadengeheftetes Prachtstück. »Ein Reh ist eine Seele mit vier Beinen«, schreibt Tobias Wolf, und die Morgensterne gehen auf am Firmament und funkeln. Milch der frommen Denkungsart wird nicht ausgeschenkt; über Muttermilch weiß Björn Langenfeld: »Und dann kommt die Essen. Mutter hat Brust Milch drin. Baby ist gelacht.« Es wäre doch gelacht, wenn dieses Thema kein ergiebiges wäre. Tobias Wolf nimmt den Steilpass auf und vollendet knochentrocken: »Ich habe bei meiner Mama viel Milch getrunken, und später habe ich Chicken Nuggets und Pommes essen können.«

Auch beim Stichwort Büffel geht es ohne falsche Töne zur Sache: »Ich habe auf ein Büffel geschossen, mitten auf die Schnauze. Und auf die Augen«, schreibt Angela Fritzen. Und ergänzt: »Der Büffel ist aus Plastik, habe ich geschossen.« Das Foto dieser *Ohrenkuss*-Autorin, die unter nächtlichem Himmel im Schein einer Stirnlampe Tagebuch schreibt, fängt die Magie des Dichtens in konzentrierter Form ein: Poesie ist ein Leuchtfeuer im Runkeldunkel der Welt.

Verblüffend, lustig und geradeheraus wahrheitsorientiert sind die Ohrenküsser sowieso. Angela Baltzer schreibt: »Wir haben keine Betreuer, wir haben Gartenzwerge.« Treffer, versenkt. Wo Filmfeuilletonisten quälend lange PR-Arien über angebliche Phänomene singen, braucht Julian Göpel vom *Ohrenkuss* nur ein paar Sätze. Über James Bond sagt er, was zu sagen ist: »Er ist reich. Er wohnt immer in einem großen Hotel mit einer Bar und mit einem Schwimmbad. Und er ist Agent 007 und sieht gut aus. Und das finde ich toll. Er verfolgt die Verbrecher und fährt Sportwagen mit und bekommt auch Frauen ins Bett. Das finde ich super.« Welcher bezahlte Filmkritiker würde das so schreiben – gesetzt den Fall, dass er es überhaupt könnte?

Was in den Blick des Dichters fällt, wird Dichtung; selbst einer närrischen Sportart wie Curling wohnt noch ein Geheimnis inne. Peter Rüttimann lüftet es: »Die Bettflaschen auf dem Eis – kommen auch aus der Schweiz.« Trend- und korruptionsferner Musikjournalismus ist ebenfalls im großen Angebot. Zu Reinhard Mey schreibt Susanne Kümpel: »›Über der Wolke‹ singt Reinhard Mey. Der singt. ›Über sieben Brücken musst du gehen‹ singt auch Reinhard Mey. Reinhard Mey spielt Gitarre.« Kann man es treffender sagen: Mey, Maffay und Karat in einem Boot, und das fern jeder Polemik, ohne gemeinen Unterton? Was für eine Gabe: auf niemanden und auf nichts zielen und dabei traumwandlerisch die Wahrheit erwischen.

Im Mai 2008 bat mich Katja de Bragança um einen Gastbeitrag für das *Ohrenkuss*-Wörterbuch. Ich fühlte mich geschmeichelt – und angespornt. Ohrenkuss bedeutet Klarheit der Empfindung, gepaart mit einer Direktverbindung zur Sprache, flüchtig wie ein Wimpernschlag und ohne scheelen Blick auf die Ewigkeit. Solche Seelenmomente muss man erst mal abpassen. Ich dichtete und lieferte zwei Strophen ab, über Ohrenkuss und Ohrenküsse.

Anfang November 2008 erschien »Ohrenkuss – Das Wörterbuch«; ein Buch der Wunder und Überraschungen ist es geworden, ein Füllhorn der Ohren- und der Augenküsse. In einem Kölner Theater wurde es präsentiert, ich war als Gastleser gebeten und geriet in eine Bande ausgelassener Hedonisten, die sich und ihr Werk ungeniert feierten und feiern ließen. Ich durfte einige meiner Lieblingseinträge lesen, zum Beispiel den von Hermine Fraas über Karl Lagerfeld: »Mode. Da fällt den Leuten immer was neues ein. Das soll man mitmachen. Das ist großer Quatsch. Der Lagerfeld das ist doch Karneval. Aber so dünn wäre ich gerne. Das ist mein Problem nämlich.«

Für die dritte Strophe, die mir erst nach Redaktionsschluss in den Sinn kam, war auch noch Zeit:

Ohrenkuss ist Ohrenschmaus:
Hier geht er rein, da geht er raus.
Oder ist es umgekehrt?
Egal. Wer küsst, lebt unbeschwert.

Wenn wer barmt nach Soll und Sinn,
Hört man einfach nicht mehr hin.
Es gilt, in einer Welt voll Mist:
Dummheit hadert, Weisheit küsst.

Auf die Hand und fertig, los!

Voller Unschuld vollzog sich das erste Essen im Gehen. Ein Eis am Stiel war es, und handelte es sich dabei auch nur um gefrorenes Wasser mit Farbstoff und Zucker, so habe ich es doch in guter Erinnerung. Ein Eis von der italienischen Eisdiele war allerdings besser; meist reichte das Taschengeld nur für ein Eis zu zehn – für zehn Pfennig gab es eine Kugel in einer Waffel. Schlang man sie auf einen Happs hinab, stieg die Kälte blitzschnell in den Kopf, hoch in die Stirn. Aua.

Also doch lieber langsam und genüsslich das Eis weglutschen und zutschen und dabei das gemächliche Schlüren und Schlendern erlernen; später konnte man sogar Kunststückchen damit, auf einem Bein hüpfen und dabei Eis essen. Beim Kirmesbesuch gab es sowieso alles auf die Hand: gebrannte Mandeln, rotglasierte Äpfel, Negerküsse, süße Waffeln, Zuckerwatte, und dann schön ins Karussell, fliegen lernen. Um anschließend fahl und bleichgesichtig etwas sehr Buntes im Gebüsch zu hinterlassen.

Gottvoll dagegen schien die erste Tüte mit heißen Maroni, die durchs Papier die Hände wärmten und, vorsichtig gekaut und verschluckt, im Bauch glühten und bullerten wie der kleine Eisenofen, auf dem sie erhitzt und gegart worden waren. Da war der Frierende inwendig warm.

Es folgten erste Bratwurstexzesse an der Imbissbude, aber das war nicht Essen im Gehen, man stand ja beim Essen mit den anderen im heimeligen Mief der Fritteuse, bei Pommes und Pils, aufregend war es, eine Art große Welt für kleines Geld, jedenfalls etwas Wahres, Realistisches. Wenn ich jemals einer Frau einen ernstgemeinten Heiratsantrag mache, dachte ich, dann an genau so einer Bude, und wenn sie ja sagt, ist sie die Richtige. Beim Candlelight-Dinner Eindruck schinden kann doch jeder abgeranzte Heiratsschwindler. Aber Bude – das hatte Stil!

Was es da alles zu sehen gab! Man muss sich die Genussgier und Grandezza vor Augen halten, mit der es reichlich angegangenen Herren gelang, in der linken Hand Fluppe und Glas zu halten, abwechselnd und immer an der richtigen Stelle zu saugen oder zu schlucken, dabei mit der rechten Hand eine Wurst in Senf zu tunken, sich das Eingestippte in den Mund zu schieben, bei all dem aber das Wichtigste – das Gespräch, die Diskussion, die Debatte, den Diskurs – nicht nur nicht aus den Augen zu verlieren, sondern sich im Gegenteil mit Verve und Aplomb einzumischen, ja einzubringen, und zwar stehend oder allenfalls den Hintern gegen einen Hocker abstützend, und bei all dem eine unerschütterliche Ruhe auszustrahlen. So sah er aus, der mündige Bürger: ein Zoon Politikon mit vollem, kauendem Mund.

Unvergessen ist ein Imbissauftritt des Kollegen Ralf Sotscheck vor dem Hauptbahnhof Osnabrück. In Berlin geboren und also zum Sternzeichen Currywurst verurteilt, zeigte Sotscheck bei einer Bestellung internationales Flair – er orderte Currywurst mit Schaschlik. Was für eine Kombination: eine Brücke zwischen Berlin und dem Balkan! Und welche Eleganz, welche Grazie, welcher Liebreiz der Bewegung, mit der Sotscheck diesen Brückenschlag zu vollziehen wusste – und welche akrobatische Artistik, mit der es ihm gelang, sich nicht die Kleidung zu ruinieren!

Breit- und spreizbeinig, Rundkopf und Rundrumpf im 60-Grad-Winkel vorgebeugt, stand er, in der Linken die Pappschale haltend, weit genug vom Leibe entfernt, um sich nicht zu besudeln, andererseits aber nicht allzu weit abgestreckt, damit die Rechte zwischen Daumen und Zeigefinger einen kurzen neptunischen Dreizack aus buntem Plastik führen konnte, mit dem die Nahrung aus der Pappe gepickert wurde. Das Aufgespießte vorsichtig zum Munde führend und, gleichwohl munter und kregel kauend, das Durchzusprechende durchsprechend, auch mit Serviette und Pilsflasche noch lässig, wie nebenher hantierend, in Wahrheit jedoch hochkonzentriert, bis in die Spitzen der die Pläte umkränzenden verbliebenen Härchen wach: So macht man das. Viel fehlt der Welt nicht mehr zu ihrer Vervollkommnung, aber der Bildband »Ralf Sotscheck and The Art of Outdoor Eating« muss noch publiziert werden, dieser Souverän der Currybudenwelt muss der Nachwelt erhalten bleiben, in Zigeunersoße und Remoulade gemeißelt.

Mit explizit mobil genanntem Essen kam ich erstmals

als Zivildienstleistender beim Arbeiter-Samariter-Bund in Berührung, wo ich im mobilen sozialen Hilfsdienst eingeteilt war. Ein Kollege vom Deutschen Paritätischen Wohlfahrtsverband schenkte mir ein neues Wort: Essen auf Rädern. Das hörte sich lustig an, fand ich: Brot, Braten und Gemüse, Weinflasche, Puddingschüssel und all die anderen Speisen und Getränke hatten kleine Räder untendran, sausten flink und geschickt wie die Stichlinge zu den Tellern und Gläsern der hungrigen Gäste, um, dort angekommen, je nach Temperament sanft oder quietschend zu bremsen. Die Kellner, glücklich, nichts mehr schleppen zu müssen, nahmen ihnen behutsam die Räder ab, servierten, wünschten den Gästen einen herzhaften Appetit und trugen die Räder zurück in die Küche, wo sie mit Sauerstoff und frischem Kautschuk versorgt wurden, bevor man sie neu belud.

Das liegt lange zurück, und als ich neugierig eine Portion Essen auf Rädern probierte, handelte es sich um eine Schachtel aus Aluminiumpapier, gefüllt mit Industrieküchenpampf. Das Zeug wird bevorzugt Menschen aufgetischt, deren schwindende Kräfte es ihnen nicht mehr gestatten, sich erfolgreich dagegen zu wehren.

Die architektonische Analogie zum Essen auf Rädern ist die Fußgängerzone: Menschenwürdiges Leben ist weder vorgesehen noch erwünscht, doch solange einer atmet, kann man ihm auch noch etwas verkaufen. Eine Pizza Salmonelli zum Beispiel. Oder einen Döner Hawaii.

Inzwischen ist weniger das Essen mobil als vielmehr der Esser. Er verzehrt sein im Vorbeihuschen erworbenes

Schnellfutter im Gehen, wenn nicht sogar eilenden Fußes. Zeit gilt als eine kostbare Ware, von der folglich möglichst viel eingespart werden muss. Vordergründig klingt das noch halbwegs plausibel: Man möchte jetzt Zeit sparen, um später mehr Zeit zu haben. Zeitmessung erweist sich allerdings als eine Disziplin voll tückischer Paradoxie: Je mehr Zeit einer spart, desto weniger hat er davon zur Verfügung. Man nennt das auch »erfolgreiches Zeitmanagement«.

Der Zeit selbst ist es ganz gleich, ob man versucht, sie an-, ein- oder aufzusparen. Die Zeit ölt und eiert so relatí-relatá vor sich hin, wie es ihr passt. Nur das Feuilletonwort »Entschleunigung« mag die Zeit überhaupt nicht leiden, das klingt nach Wäscheschleuder und nach »Schatz, lass uns heute entschleunigten Sex haben, ja?« Wenn sich ihr einer auf der Entschleunigungsschleimspur nähert, möchte die Zeit schier vergehen, und zwar schleunigst. Sonst aber bringt sie nichts aus der Ruhe – auch nicht die uncharmante Behauptung, sie, die Zeit, sei wahlweise verrückt, hart, schwer, aus den Fugen, lausig und überhaupt ganz schlimm.

Davon indes wissen die Zeitsparer nichts; quecksilbrig hibbeln sie an den Schnellessenausgabeterminals herum und können es nicht erwarten, ihre Ambulantnahrung entgegenzunehmen. Zeitverlust, das haben sie sich gut überlegt, lässt sich am erfolgreichsten ausgleichen und bekämpfen, indem man möglichst viele Dinge gleichzeitig tut. Der Wert einer Mahlzeit steigt also mit der Anzahl aller anderen Tätigkeiten, die man bei ihrem hastigen Verzehr verrichten kann. Wenn man sich während des Essens von A nach B bewegen kann, spart man Zeit; kann man dabei telefonieren, spart man mehr Zeit; benutzt man zum Telefonieren ein sogenanntes »Head-Set«, hat man eine weitere Hand frei, mit der man ein weiteres Mobiltelefon bedienen, Kurzmitteilungen schreiben, im Internet die eingetroffenen Elektropöste begutachten und also noch mehr Zeit sparen kann. Wäre die Straße, die man entlanghetzt, ein elektrisches Rollband, könnte man allerdings noch viel mehr Zeit sparen.

All die noch unausgeschöpften Möglichkeiten der Zeitersparnis nagen am Zeitsparer. Er ist ja willig, alles wegzusparen, aber weder Technik noch Physis spielen mit – egal, wie gut man den Körper trimmt, mehr als zwei Arme sind einfach nicht dran. Der Blick des Zeitsparers erhascht eine Abbildung der indischen Gottheit Kalí: sechs Arme hat die Dame. Neid! Aber die macht gar nichts damit! Welche Verschwendung! Wenn man doch nur selbst … sechs Arme … was man damit alles tun könnte! Sechs Dinge auf einmal, und das im Gehen – das ergäbe siebenfache Zeitersparnis!

Mit nur zwei Armen, also gewissermaßen zweiarmselig, muss der Zeitsparer auswählen, muss entscheiden – schließlich ist er, was man einen Entscheider nennt, oder will doch wenigstens einmal einer werden. Oft entscheidet er sich für die Variante linke Hand: Kaffeepappbecher, rechte Hand: Essen, beides abwechselnd – ganz wichtig: nie gleichzeitig, sonst Katastrophe! – zum Mund führen, der unterdessen das Telefonieren besorgt; die Beine sind dabei selbstverständlich immer schön auf Trab, und auch die Augen müssen offen sein, um den kürzesten, schnellsten Weg zu finden, nein: ihn zu checken und abzuscannen. Sich bei all dem weder die Finger zu verbrennen, den Schlund zu verbrühen noch den Anzug zu bespluddern, zeugt nicht nur von hoher Urbanität, sondern auch von Karriereumsicht. Ein Spritzer Mayonnaise auf der Anzughose oder dem Business-Kostüm wäre das Ende: Denken Sie an Bill Clinton und Monica Lewinsky! Mehr als ein Fast-Food-Malheur war die ganze Affäre nicht. Und schlug doch so hohe Wellen, dass mancher darin unterging.

Taff und gewappnet also ist der moderne Fünfkämpfer: Zeitgleich muss er die Idealroute programmieren, laufen, Nahrung aufnehmen, ebenso Flüssigkeit, und dabei möglichst viel telefonieren, das aber ausschließlich mit Flatrate und Freedom of Speech, so viel Menschenrecht muss sein, da ist der Zeitsparer beinhart politisch. Ansonsten gilt: Das Leben ist ein Marathonlauf, man startet in der Meute, im Rudel, aber nur der Effizienteste hat die Nase vorn, nur der Härteste erreicht sein Ziel, das weiß der Zeitsparer. Er ist ein Spermium auf dem Weg zur Eizelle, und sein Treibstoff ist die nackte, atavistische Angst: Wer nicht die Nummer eins ist, kann sich gehackt legen. Von mir aus gern – nur bitte vorher nicht so viel Wind machen.

Aus »Learning to fly« wurde »Coffee to go«, Kaffee zum Davonlaufen. Das stimmt melancholisch. Doch siehe – oben auf den Pappbechern sitzt meist ein Plastikdeckel mit einer Trinktülle, und man kann erkennen, welchen

Weg so ein Zeitsparerleben nehmen wird: von der Überholspur direkt zur Schnabeltasse.

Und dann gibt es ja noch die freundlichen Mitmenschen, die ungerührt einen »Kaffee Togo« bestellen, als heiße das Getränk so, weil es aus dem gleichnamigen afrikanischen Land stamme. Mit dieser naiven, jedwede modernistisch-mobile Angeberei wirkungsvoll ausbremsenden Arglosigkeit geben sie der Welt des ambulanten Verzehrs ihre Unschuld zurück.

Inhalt

Wiglaf Droste

Auf sie mit Idyll

Englisch Broschur   14,- Euro

»Es scheint mir wohl kaum übertrieben, Droste als
den ›Tucholsky unserer Tage‹ zu bezeichnen – ich
wüsste jedenfalls kaum einen anderen Autor, der
sowohl in der satirischen Schärfe wie auch in der
melancholischen Nachdenklichkeit dem ›Heinrich
Heine des 20. Jahrhunderts‹ so nahe kommt wie er.«

Dr. Peter Böthig,
Kurt-Tucholsky-Museum Rheinsberg

www.edition-tiamat.de